MUST-KNOW

SPANISH

4,000 Words That Give You the Power to Communicate

Gilda Nissenberg

Illustrations by Jason Fennell

McGraw·Hill

New York   Chicago   San Francisco   Lisbon   London   Madrid   Mexico City
Milan   New Delhi   San Juan   Seoul   Singapore   Sydney   Toronto

1 2 3 4 5 6 7 8 9 0 FGR/FGR 0 9 8 7 6

ISBN 13: 978-0-07-145643-2
ISBN 10:   0-07-145643-0
Library of Congress Control Number: 2006920585

Interior design by Blue Mammoth Design
Interior illustrations by Jason Fennell

McGraw-Hill books are available at special quantity discounts to use as premiums and sales promotions, or for use in corporate training programs. For more information, please write to the Director of Special Sales, Professional Publishing, McGraw-Hill, Two Penn Plaza, New York, NY 10121-2298. Or contact your local bookstore.

This book is printed on acid-free paper.

Contents

3 The Human Body, Health, and Medicine

4 Education

5 Shopping

6 A Place to Live

7 Work and the Business World

9 Getting Around

10 Society and Government

11   Nature and the Environment

12   Measurements, Numbers, and Time

Introduction

In today's world the ability to communicate in languages other than English is essential. More than 350 million people are native speakers of Spanish who live in South America, Mexico and Central America, the Caribbean, the United States, Spain, parts of Africa, and the Philippines. Whether you wish to use it in the business world, travel, academics, or just everyday life, the power to communicate in Spanish is a valuable skill, and precise vocabulary is a key element for communicating and comprehension. In *Must-Know Spanish* you will find 4,000 carefully selected words that include basic and more advanced terms from current school and higher education textbooks, as well as other sources. Knowing and reviewing these words will increase your knowledge of Spanish and enable you to communicate in everyday situations.

Must-Know Spanish is designed for the self-learner who wants access to essential words for successful vocabulary building. This book is also useful to the intermediate-level student and as a class review because it includes advanced words and current terminology recently incorporated into Spanish. Languages are alive and they change as the world surrounding the speaker changes. For example, in *Must-Know Spanish* you will find new terminology generated by recent advances in technology as well as colloquial expressions prevalent among today's Spanish speakers.

The vocabulary presented in *Must-Know Spanish* is, generally speaking, standard Spanish. Fifty "Must-Know Tips" provide usage hints, warnings about false cognates, and words or expressions to avoid in certain areas of the vast Spanish-speaking world. *Must-Know Spanish* includes useful and common phrases that facilitate vocabulary acquisition in specific contexts, which will help you memorize or recall these words and use them in appropriate situations.

Finding a word or expression in *Must-Know Spanish* is simple because the vocabulary is organized thematically. Alphabetical listings include features such as English infinitives without the *to*. Twelve units arranged by major subject areas are thematically linked and include subsections that can be independently studied or reviewed, making it easy for the student to make the connections for learning vocabulary successfully. The sections and subsections include basic and advanced words, which help you build on previously acquired knowledge, reinforce what you already know, and expand your vocabulary. You will grasp and remember new words and unfamiliar expressions when you see them associated with a common theme.

One hundred practical and varied exercises that test your skills supplement the vocabulary units. The different types of exercises provide a choice of simple or more difficult tasks and are followed by an answer key to help you assess both your existing knowledge and your progress. Like the vocabulary sections within units, each exercise is based on a theme, so that you can choose the area or topic you wish to learn or review.

Learning and mastering a new language can be challenging, yet it is extremely rewarding. As you continue to expand your knowledge of Spanish, *Must-Know Spanish* will help you along the way.

1

Communicating with Others

Introductions, Greetings, and Farewells

Personal Information	Los datos personales
address	**la dirección**
age	**la edad**
How old are you?	*¿Cuántos años tienes?*
be	**estar; ser**
Where are you from?	*¿De dónde eres?, ¿De dónde es Ud.?*
be named	**llamarse**
divorced	**divorciado/a**

Must-Know Tip

Ser is one of the translations for the English verb *to be*. Be sure to use **ser** to indicate the marital status of a person.

She is divorced. **Es divorciada.**

do for a living	**dedicarse a**
What do you do for a living?	*¿A qué te dedicas?*
first name	**el nombre**
last name	**el apellido**
legal age, majority	**mayor de edad**
live	**vivir**
marital status	**el estado civil**
married	**casado/a**

Must-Know Tip

Estar is one of the two translations for the English verb *to be*. Be sure to use **estar** to indicate location and temporary situations.

The office is on the second floor. **La oficina está en el segundo piso.**

The line is busy. **El teléfono está ocupado.**

minor	**menor de edad**
place of birth	**el lugar de nacimiento**
occupation	**la ocupación, el oficio**
single	**soltero/a**
telephone number	**el número de teléfono**
cellular phone number	***el número del teléfono móvil***
widower, widow	**el viudo, la viuda**

Greetings and Farewells — Los saludos y las despedidas

acquaintance	**el conocido, la conocida**
make someone's acquaintance	***conocer a alguien***
delighted	**encantado/a**
I am pleased to meet you.	***Encantado de conocerlo.***
farewell	**la despedida**
glad	**contento/a, alegre**
good-bye	**adiós**
greet	**saludar**
greeting	**el saludo**
hello	**hola**
introduce	**presentar a alguien**
I want to introduce you to my supervisor.	***Quiero presentarte a mi supervisor.***
introduction	**la presentación**
madam	**señora**
meet	**conocer**
Let us meet the new manager.	***Vamos a conocer al nuevo gerente.***
mister, sir	**señor**
say good-bye	**despedirse**
See you soon.	***Hasta luego.***
take one's leave	**despedirse**
thanks	**gracias**
you are welcome	**de nada**
wave (one's hand)	**hacer señas**
wave good-bye	***decir adiós con la mano***

Communication by Phone

La comunicación por teléfono

answer	responder
call	llamar, llamar por teléfono
Who's calling?	*¿De parte de quién?, ¿Quién llama?*
hang up	colgar el teléfono
Don't hang up, please!	*¡No cuelgue, por favor!*
Hello	¡Diga!, ¡Oigo!
message	el mensaje, el recado
leave a message	*dejar un mensaje*
phone	llamar por teléfono, telefonear
cordless phone	*el teléfono inalámbrico*
phone call	la llamada telefónica, por teléfono
phone card	la tarjeta telefónica
wrong number	el número equivocado

Letters, Invitations, and Electronic Mail

Las cartas, las invitaciones y el correo electrónico

LETTERS

LAS CARTAS

air mail	el correo aéreo
be sorry	sentir algo
I am sorry.	*Lo siento.*
card	la tarjeta
dear	querido/a
Dear Pablo,	*Querido Pablo:*
envelope	el sobre
express mail	la carta urgente
letter	la carta
mail	enviar por correo
mail	el correo
mailbox	el buzón
Miss	Señorita, Srta.
Mr.	Señor, Sr.

Mrs.	**Señora, Sra.**
Ms.	**Señorita, Srta.**
package	**el paquete postal**
postmark	**el matasellos**
rate	**la tarifa**
receive	**recibir**
recipient	**el destinatario, la destinataria**
registered letter	**la carta certificada**
sender	**el/la remitente**
Sincerely,	***Le saluda atentamente,***
stamp	**la estampilla, el sello**
thank-you card	**la nota de agradecimiento**
write	**escribir**
zip code	**el código postal**

INVITATIONS

LAS INVITACIONES

accept	**aceptar**
announce	**anunciar, dar a conocer**
announcement	**el anuncio, la noticia**
celebration	**la celebración, la fiesta**
ceremony	**la ceremonia**
cocktail (party)	**el cóctel**
decline	**declinar**
engaged	**comprometido/a**
the engagement party	***la fiesta de compromiso***
gift	**el regalo**
invitation	**la invitación**
invite	**invitar**
party	**la fiesta**
the bachelorette party	***la despedida de soltera***
reception	**la recepción**
I regret that I cannot . . .	***Lamento no poder...***
RSVP, please respond.	***S.R.C., Se ruega contestación.***
unfortunately	**desgraciadamente**
wedding	**la boda**

wedding registry	la lista de boda
with pleasure	con placer

ELECTRONIC MAIL — EL CORREO ELECTRÓNICO

access	acceder
browser	el navegador
chat	chatear
chat	la charla
click	cliquear, hacer clic
cursor	el cursor
electronic mailbox	el buzón electrónico, el casillero electrónico
e-mail	enviar un correo electrónico
e-mail	el correo electrónico, el e-mail
file	el archivo
free access	el acceso gratuito, el acceso gratis
hacker	el/la pirata
home page	la página inicial
Go to the home page of this site.	*Vaya a la página inicial del sitio en la web.*
information superhighway	la autopista de la información
interactive	interactivo/a
Internet café	el cibercafé
Internet	la (o el) Internet
log on	conectar a la Internet, entrar en el sistema
She cannot log on.	*No se puede conectar.*
online service	el servicio en línea
password	la contraseña
search engine	el buscador
send a message	enviar un mensaje
start	cargar
surf	navegar
update	la actualización
user	el usuario, la usuaria

the Web	el Web, el web
web page	la web
website	el sitio en la Web

Parts of Speech

Articles

article
a, an
an apartment
the
the boy and the girl
some
some men

Los artículos

el artículo
un, una
un apartamento
el, la; los, las
el niño y la niña
unos, unas
unos hombres

Pronouns

SUBJECT PRONOUNS

I
you (familiar)
you (formal)
he
she
we
you (familiar plural)

Los pronombres

LOS PRONOMBRES DE SUJETO

yo
tú
usted, Ud., Vd.
él
ella
nosotros, nosotras
vosotros, vosotras

 Must-Know Tip

In Spain use the **vosotros** form. In other Spanish-speaking countries use **ustedes**.

you (formal plural)
you (familiar plural)
they

ustedes, Uds., Vds.
vosotros, vosotras
ellos, ellas

DIRECT OBJECT PRONOUNS	LOS PRONOMBRES DE OBJETO DIRECTO
me	**me**
you	**te**
you (formal)	**lo**
him	**lo**
her	**la**
it	**lo**
us	**nos**
Call us tomorrow.	***Llámanos mañana.***

 Must-Know Tip

Remember to attach the direct and indirect object pronoun forms to affirmative commands. Add an accent mark when the command form has more than two syllables.

Tell her my name.	***Dile mi nombre.***
Send us the letter.	***Mándanos la carta.***

you (formal and familiar plural)	**los/las**
you (familiar plural; used in Spain only)	**os**
They love you a lot!	***¡Os quieren mucho!***
them	**los/las**

INDIRECT OBJECT PRONOUNS	LOS PRONOMBRES DE OBJETO INDIRECTO
me (to)	**me**
Susan bought me a coat.	***Susan me compró un abrigo.***
you (to)	**te**
you (to) (formal)	**le**
him, her (to)	**le**
it (to)	**le**
Give the dog a bone.	***Dale un hueso al perro.***
us (to)	**nos**

you (to) (formal and familiar plural)	**les**
Tell them now.	*Diles ahora.*
you (to) (familiar plural)	**os**
them (to)	**les**
I write them a note.	*Les escribo una nota.*

 Must-Know Tip

Use **se** instead of **le** and **les** when indirect object pronouns and direct object pronouns **lo, la, los,** or **las** are objects of the same verb. Remember to place indirect object pronouns before direct object pronouns.

| *I buy it for him.* | **Yo se lo compro.** |
| *I give them to them.* | **Yo se las doy.** |

Possessive Forms

Formas posesivos

POSSESSIVE ADJECTIVES
LOS ADJETIVOS POSESIVOS

my	**mi, mis**
your (informal)	**tu, tus**
your brother and your friends	*tu hermano y tus amigos*
your (formal)	**su, sus**
his	**su, sus**
her	**su, sus**
her coat and her shoes	*su abrigo y sus zapatos*
our	**nuestro/a, nuestros/as**
your (formal and informal)	**su, sus; vuestros/as** (used only in Spain)
your teachers	*sus maestros*
their	**su, sus**

POSSESSIVE PRONOUNS
LOS PRONOMBRES POSESIVOS

mine	**el mío, la mía; los míos, las mías**
This car is mine.	*Este auto es mío.*
yours (informal)	**el tuyo, la tuya; los tuyos, las tuyas**

yours (formal)	el suyo, la suya; los suyos, las suyas
his	el suyo, la suya; los suyos, las suyas
It is his.	*Es el suyo.*
hers	el suyo, la suya; los suyos, las suyas
ours	el nuestro, la nuestra; los nuestros, las nuestras
yours (formal and informal plural)	el suyo, la suya; los suyos, las suyas
theirs	el suyo, la suya; los suyos, las suyas

Demonstrative Adjectives and Pronouns
Los adjetivos y pronombres demostrativos

this, this one	**este, esta; esto**
these, these ones	**estos, estas**
that, that one	**ese, esa, eso**
those, those ones	**esos, esas**
that over there, that one over there	**aquel, aquella, aquello**
those over there, those ones over there	**aquellos, aquellas**
These ones are old; those ones over there are new.	*Estos son viejos; aquellos son nuevos.*

 Must-Know Tip

Demonstrative adjectives may precede or follow a noun. Demonstrative pronouns require an accent mark only if it is unclear to which noun the pronoun is referring.

That hat and this other one here.	***Este sombrero y este de aquí.***
This boy and this one.	***El niño este y éste.***

Indefinite Pronouns and Adjectives
Los pronombres y adjetivos indefinidos

any	**cualquier, cualquiera; cualesquier(a)**
any book	**cualquier libro**

no one	nadie
No one is here.	*No hay nadie aquí.*
not one, not any	ningún, ninguno, ninguna; ningunos, ningunas
nothing	nada
I don't see anything.	*No veo nada.*
some	algún, alguno, alguna; algunos, algunas
someone	alguien
Someone is coming.	*Alguien viene.*

Interrogative and Exclamation Words / Los interrogativos y exclamativos

how	¿cómo?; ¡cómo!
how many	¿cuántos?; ¡cuántos!
how much	¿cuánto?; ¡cuánto!
what	¿qué?; ¡qué!
when	¿cuándo?; ¡cuándo!
where	¿dónde?; ¡dónde!
who	¿quién?, ¿quiénes?; ¡quién!, ¡quiénes!
Who are they?	*¿Quiénes son?*

Adverbs / Los adverbios

already	ya
always	siempre
badly	mal
better	mejor
currently	actualmente
early	pronto, temprano
ever	nunca, jamás
worse than ever	*peor que nunca*
everywhere	en todos lados, por todas partes
finally	por fin

from time to time	**de vez en cuando**
here	**aquí**
late	**tarde**
later	**más tarde**
never	**jamás**
no	**no**

 Must-Know Tip

Remember the use of two negative adverbs **no** and **nunca** in the same sentence only if **no** precedes the verb.

He is never late. **No llega tarde nunca.** or **Nunca llega tarde.**

over there	**allá**
quickly	**rápido, rápidamente**
rarely	**rara vez**
recently	**recién, recientemente**
sometimes	**a veces**
somewhere	**en alguna parte, en algún lugar**
soon	**pronto**
suddenly	**de repente**
there	**allá**
Today I feel bad.	*Hoy me siento mal.*
very	**muy**
well	**bien**

Comparatives

Los comparativos

as many as	**tantos, as... como**
as much . . . as	**tanto... como**
less . . . than	**menos... que**
more . . . than	**más... que**

so . . . that

It is so cold I cannot move.

tan... que, tanto... que

Hace tanto frío que no puedo moverme.

 Must-Know Tip

Remember that before numbers and words related to quantity you must use **de** instead of **que**.

I have more than ten.   ***Tengo más de diez.***

2

People and Relationships

Physical Description

The Body

build
heavy
muscular
plump
skinny
slender
small
tall
thin
weight

El cuerpo

la complexión, la constitución
fornido/a
musculoso/a
gordo/a, regordete/a
flaco/a
delgado/a
pequeño/a
alto/a
delgado/a
el peso

The Face

complexion
eye
green-eyed

La cara, el rostro

el cutis, la piel, la tez
el ojo
de ojos verdes

 Must-Know Tip

Be sure to use definite articles and not possessive adjectives with parts of the body.

My nose is large.   ***Tengo la nariz grande.***

freckle
She has many freckles.
freckled
lips
thin lips
mole (on skin)
nose

la peca
Tiene muchas pecas.
pecoso/a
los labios
los labios finos
el lunar
la nariz

flat nose	*la nariz chata*
scar	**la cicatriz**
skin	**la piel, la tez**
dark-skinned	*moreno/a*
fair-skinned	*de piel clara*

Hair

El pelo, el cabello

bald	**calvo/a**
blond, blonde	**rubio/a**
curly hair	**el pelo rizado**
dark-haired, brunette	**moreno/a**
red-haired	**pelirrojo/a**
straight hair	**el pelo lacio**

Personality

annoying	**fastidioso/a, molesto/a**
apathetic	**apático/a**
boring	**aburrido/a**
How boring!	*¡Qué aburrido!*
courageous	**valiente**
coward	**cobarde**
creative	**creativo/a**
cute	**mono/a, rico/a**
discreet	**discreto/a**
dishonest	**deshonesto/a**
energetic	**enérgico/a**
extrovert(ed)	**extrovertido/a**
faithful	**fiel**
handy	**habilidoso/a**
hard-working	**trabajador, trabajadora**
honest	**honesto/a**

impatient	**impaciente**
indiscreet	**indiscreto/a**
ingenious	**ingenioso/a**
introvert(ed)	**introvertido/a**
lazy	**perezoso/a, vago/a**
loyal	**leal**
nice	**amable**
patient	**paciente**
persevering	**perseverante**
personality	**la personalidad**
playful	**juguetón, juguetona**
pleasant	**simpático/a**
quiet	**callado/a**
resourceful	**ingenioso/a, emprendedor/a**
rough	**brusco/a**
serious	**serio/a**
shrewd	**astuto/a**
sincere	**sincero/a**
sociable	**sociable**
trait	**rasgo**
unfaithful	**infiel**
unpleasant	**antipático/a**
wise	**sabio/a**

Family Relationships and Traditions

## Family Relationships	## Las relaciones familiares
adopt	**adoptar**
adopted	**adoptado/a**
aunt	**la tía**
brother	**el hermano**
cousin	**el primo, la prima**
daughter-in-law	**la nuera**

divorce	**divorciarse**
divorce	**el divorcio**
divorced	**divorciado/a**
family	**la familia**
father	**el padre**
father-in-law	**el suegro**
fiancé, fiancée	**el prometido, la prometida**
godfather	**el padrino**
godmother	**la madrina**
godparents	**los padrinos**
granddaughter	**la nieta**
grandfather	**el abuelo**
grandmother	**la abuela**
grandparents	**los abuelos**
grandson	**el nieto**
husband	**el esposo, el marido**
in-laws	**la familia política**
mother	**la madre**
mother-in-law	**la suegra**
My mother-in-law is Canadian.	*Mi suegra es canadiense.*
nephew	**el sobrino**
niece	**la sobrina**
oldest child	**el hijo mayor, la hija mayor**
only child	**el hijo único, la hija única**
relation	**la relación, el parentesco**
relative	**el pariente, la pariente**
my relatives	*mis parientes*
sister	**la hermana**
son-in-law	**el yerno**
stepdaughter	**la hijastra**
stepfather	**el padrastro**
stepmother	**la madrastra**
stepson	**el hijastro**
uncle	**el tío**

wife	la esposa, la mujer
youngest child	el hijo menor, la hija menor
The oldest boy is 15 and the youngest one is 2.	*El chico mayor tiene 15 años y el menor tiene dos.*

Family Traditions and Special Occasions
Las tradiciones y celebraciones de la familia

birth	el nacimiento
birthday	el cumpleaños
celebrate	celebrar, festejar
christening	el bautismo
Christmas	la Navidad, las Navidades
Merry Christmas	*¡Feliz Navidad!*
Christmas Eve	la Nochebuena
Easter	la Pascua
engaged (get)	comprometerse
They got engaged last week.	*Se comprometieron la semana pasada.*
engagement	el compromiso, el noviazgo
event	el acontecimiento
a happy event	*un acontecimiento feliz*
Father's Day	el Día del Padre
firecracker	el cohete, el volador
first communion	la primera comunión
Hanukkah	Hanukkah
Holy Week	la Semana Santa
Independence Day	el Día de la Independencia
Lent	la Cuaresma
marriage	el matrimonio
marry	casarse
mass	la misa
Midnight Mass	*la misa del gallo*
Mother's Day	el Día de la Madre
New Year's Day	el Año Nuevo
Happy New Year!	*¡Feliz Año Nuevo!*

New Year's Eve	la Nochevieja
party	la fiesta
pay a visit	visitar
Let's pay a visit to grandma and grandpa.	*Vamos a visitar a la abuelita y al abuelito.*
Ramadan	el Ramadán
tradition	la tradición
Valentine's Day	el Día de San Valentín, el Día de los Enamorados, el Día del Amor
wed	casarse
wedding	la boda
wedding anniversary	el aniversario de boda
Yule Log	el leño de Navidad

Friendship and Other Relationships

acquaintance	el conocido, la conocida
buddy	el amigote, el/la compinche
classmate	el compañero, la compañera de clase
colleague	el/la colega
co-worker	el compañero, la compañera de trabajo
esteem	la estima, la estimación
friend	el amigo, la amiga
my best friend	*mi mejor amigo/a*
friendship	la amistad
get along	entenderse, llevarse bien
We get along.	*Nos entendemos.*
gift	el regalo
group	el grupo, la pandilla de amigos
guy (familiar)	el tío, la tía
I hate that guy.	*Detesto a ese tío.*

like, be fond of	estimar
loyal	leal
loyalty	la lealtad
quarrel	pelear, reñir
quarrel	la disputa, la pelea
relationship	la relación
trust	confiar
trust	la confianza

Nationalities and Religious Groups

Nationalities

Las nacionalidades

AFRICAN	AFRICANO/A
nationality	la nacionalidad
Angolan	angoleño/a
Cameroonian	camerunés, camerunesa
Congolese	congoleño/a; congolés, congolesa
Egyptian	egipcio/a
Equatorial Guinean	guineano/a
Ethiopian	etíope
Gabonese	gabonés, gabonesa
Guinean	guineano/a
Ivorian	marfileño/a
Kenyan	keniano/a, keniata
Libyan	libio/a
Madagascan	malgache
Mauritanian	mauritano/a
Moroccan	marroquí
Nigerian	nigeriano/a
Saharan	sahariano/a, saharaui
Senegalese	senegalés, senegalesa
Somali	somalí
South African	surafricano/a, sudafricano/a

Sudanese	sudanés, sudanesa
Tunisian	tunecino/a
Zambian	zambiano/a

Must-Know Tip

Remember that names and adjectives of nationalities and languages are not capitalized in Spanish.

Not all South Americans speak Spanish. **No todos los sudamericanos hablan español.**

NORTH AMERICAN AND CARIBBEAN	**NORTEAMERICANO/A Y CARIBEÑO/A**
American	americano/a; norteamericano/a; de los Estados Unidos de América
Canadian	canadiense
Cuban	cubano/a
Dominican	dominicano/a
Haitian	haitiano/a
Mexican	mexicano/a
North America	la América del Norte
Puerto Rican	puertorriqueño/a

CENTRAL AMERICAN	**CENTROAMERICANO/A**
Costa Rican	costarricense, costarriqueño/a
Guatemalan	guatemalteco/a
Honduran	hondureño/a
Nicaraguan	nicaragüense
Panamanian	panameño/a
Salvadoran	salvadoreño/a

SOUTH AMERICAN	**SUDAMERICANO/A, SURAMERICANO/A**
Argentinean	argentino/a
Bolivian	boliviano/a
Brazilian	brasilero/a, brasileño/a

Brazilians speak Portuguese.	*Los brasileros hablan portugués.*
Chilean	chileno/a
Colombian	colombiano/a
Ecuadoran	ecuatoriano/a
The Galápagos Islands belong to Ecuador.	*Las Islas Galápagos pertenecen a Ecuador.*
Paraguayan	paraguayo/a
Spanish and Guarani are spoken in Paraguay.	*En Paraguay se hablan español y guaraní.*
Peruvian	peruano/a
Uruguayan	uruguayo/a
Venezuelan	venezolano/a

 Must-Know Tip

Remember that names and adjectives of nationalities that end in **-és** and **-án (francés, alemán)** require an accent mark, but not their feminine and plural forms.

the French student and the German translators	*la estudiante francesa y los traductores alemanes*

EUROPEAN	**EUROPEO/A**
British	británico/a
Czech	checo/a
English	inglés, inglesa
Estonian	estoniano/a
French	francés, francesa
German	alemán, alemana
Greek	griego/a
Hungarian	húngaro/a
Italian	italiano/a
Polish	polaco/a
Portuguese	portugués, portuguesa
Romanian	rumano/a

Romanian is a Romance language.	*El rumano es una lengua romance.*
Russian	ruso/a
Spanish	español, española
Swiss	suizo/a
Turkish	turco/a
Ukrainian	ucraniano/a
Welsh	galés, galesa

ASIAN	**ASIÁTICO/A**
Afghani	afgano/a
Chinese	chino/a
Filipino	filipino/a
Hindu	hindú, indio/a
Iranian	iraní
Iraqi	iraquí
Israeli; Israelite	israelí; israelita
Japanese	japonés, japonesa
Korean	coreano/a
Palestinian	palestino/a

Ethnic and Religious Groups
Los grupos étnicos y religiosos

anti-Semitic	antisemítico/a
anti-Semitism	el antisemitismo
atheist	el ateo, la atea
Buddhism	el budismo
Buddhist	budista; el/la budista
Catholic	católico/a; el católico, la católica
Catholicism	el catolicismo
Christian	cristiano/a; el cristiano, la cristiana
Christianity	la cristiandad
ethnic	étnico/a
Hispanic	hispano/a
Islam	el islamismo
Jew	el judío, la judía

Jewish	judío/a
Judaism	el judaísmo
Moslem	musulmán, musulmana, el musulmán, la musulmana; moro/a
persecution	la persecución
prejudice	el prejuicio
Protestant	protestante; el/la protestante
Protestantism	el protestantismo
racism	el racismo
religion	la religión
religious	religioso/a
Semitic	semítico/a

World Languages

Arabic	el árabe
Asian languages	las lenguas asiáticas
Basque	el vasco; el vascuence
Catalonian	el catalán
Chinese	el chino
Danish	el danés
Dutch	el holandés
English	el inglés
Euskera (Basque)	el vasco; el vascuence
Finnish	el finlandés
French	el francés
German	el alemán
Italian	el italiano
Japanese	el japonés
Laotian	el laosiano
Latin	el latín
Mandarin	el mandarín
Norwegian	el noruego

Polish	**el polaco**
Portuguese	**el portugués**
Russian	**el ruso**
Spanish	**el español**
Swedish	**el sueco**
Vietnamese	**el vietnamita**

3

The Human Body, Health, and Medicine

Body Parts and the Senses

Head and Face

La cabeza y el rostro

beard	la barba
brain	el cerebro
cheek	la mejilla, el cachete
chin	la barbilla
ear	la oreja
eye	el ojo
eyebrow	la ceja
eyelash	la pestaña
forehead	la frente
hair	el cabello, el pelo
inner ear	el oído
jaw	la mandíbula, la quijada
lip	el labio
mustache	el bigote
neck	el cuello, la nuca
nose	la nariz
pupil	la pupila (del ojo)
sideburn	la patilla
throat	la garganta
I have a sore throat.	*Tengo dolor de garganta.*
wrinkle	la arruga

Mouth

La boca

baby tooth	el diente de leche
canine tooth	el colmillo
front tooth	el incisivo
gum	la encía
molar	la muela
palate	el paladar
tongue	la lengua
tonsils	las amígdalas

tooth	**el diente**
I have a toothache.	*Me duele la muela.*
wisdom tooth	**la muela del juicio**

Arm and Hand   El brazo y la mano

armpit	**la axila, el sobaco**
elbow	**el codo**
finger	**el dedo (de la mano)**
pinky	*el meñique*
index finger	*el índice*
ring finger	*el anular*

Must-Know Tip

Remember many familiar expressions in Spanish that refer to parts of the body are not translated literally.

She has sticky fingers.	***Ella tiene la mano muy larga.***
He is very stupid.	***No tiene dos dedos de frente.***
He is very diplomatic.	***Tiene mucha mano izquierda.***

fingernail	**la uña**
She cuts her nails.	*Se corta las uñas.*
fist	**el puño**
forearm	**el antebrazo**
knuckle	**el nudillo**
shoulder	**el hombro**
thumb	**el pulgar**
wrist	**la muñeca**

Torso   El torso

artery	**la arteria**
back	**la espalda**
behind, bottom (popular)	**el culo**

Must-Know Tip

Some colloquial expressions include the word **culo.** They do not translate literally.

It is in a faraway place.	***Está en el culo del mundo.***
impatient	***culo de mal asiento***

belly	**el vientre, la barriga**
belly button	**el ombligo**
bladder	**la vejiga**
blood	**la sangre**
body hair	**el vello**
body	**el cuerpo**
bone	**el hueso**
buttock	**la nalga, el trasero**
chest	**el pecho**
collar bone, clavicle	**la clavícula**
a fractured clavicle	***una clavícula fracturada***
heart	**el corazón**
hip	**la cadera**
intestine	**el intestino**
large intestine	***el intestino grueso***
small intestine	***el intestino delgado***
kidney	**el riñón**
liver	**el hígado**
lung	**el pulmón**
muscle	**el músculo**
muscle spasm	***el espasmo muscular***
navel	**el ombligo**
nerve	**el nervio**
pancreas	**el páncreas**
penis	**el pene**
skeleton	**el esqueleto**

skin	**la piel**
vagina	**la vagina**
vein	**la vena**
The nurse takes blood from the vein.	***El enfermero saca sangre de la vena.***
waist	**la cintura**

Leg and Foot — La pierna y el pie

ankle	**el tobillo**
twisted ankle	***el tobillo torcido***
calf	**la pantorrilla**
heel	**el talón**
instep	**el empeine**
knee	**la rodilla**
leg	**la pierna**
shin	**la espinilla**
sole	**la planta del pie**
thigh	**el muslo**
toe	**el dedo del pie**

Senses — Los sentidos

bitter	**amargo/a**
cold	**frío/a**
Are you hot or cold?	***¿Tienes frío o calor?***
hear	**oír**
hearing	**el oído**
hot	**calor, cálido/a**
listen	**escuchar**
noise	**el ruido**
salty	**salado/a**
sense	**el sentido**
sight	**la vista**
smell	**oler**
smell	**el olfato**
soft	**suave**

sweet	**dulce**
taste	**saber**
How does it taste, salty?	*¿Cómo sabe, salado?*
taste	**el gusto, el sabor**
touch	**tocar**
Do not touch!	*¡No toques!*
touch	**el tacto**

Health, Hygiene, and Toiletries

Health ## La salud

exercise	**el ejercicio**
fit	**en buena forma física**
fitness	**el buen estado físico**
harmful	**dañino/a**
healthy	**saludable, sano/a**
in good shape (be)	**estar en forma**
mental health	**la salud mental**
prevent	**prevenir**
preventive medicine	**la medicina preventiva**
unhealthy	**enfermizo/a, malsano/a**
vigor	**el vigor**
vigorous	**vigoroso/a**
well-being	**el bienestar**

Hygiene ## El aseo, la higiene

bath	**el baño**
bath salts	**las sales de baño**
bathe	**bañarse**
bathtub	**la bañera, la bañadera, la tina**
body odor	**el olor**
clean	**asear, limpiar**
clean	**aseado/a, limpio/a**

deodorant	**el desodorante**
electric razor	**la afeitadora**
lather	**jabonar, enjabonar**
lather	**la espuma**
period	**la menstruación, el período, la regla**
razor	**la cuchilla de afeitar**
sanitary napkin	**la toalla sanitaria**
shave	**afeitarse**
shower	**ducharse, darse una ducha**

 Must-Know Tip

Remember to use the reflexive construction with the pronouns **me**, **te**, **se**, **nos**, and **os** to express actions related to personal care and grooming:

I shower in the morning.   ***Me ducho por la mañana.***

shower	**la ducha**
smell	**oler**
smell nice	*oler bien*
soap	**el jabón**
sponge	**la esponja**
stink	**oler mal**
stink	**el mal olor, la peste**
sweat	**el sudor**
tampon	**el tampón**
tissue paper	**el pañuelo de papel**
toilet paper	**el papel higiénico**
toiletries	**los artículos de aseo personal**
towel	**la toalla**
trim (one's hair, one's beard)	**recortar (el pelo, la barba)**
wash	**lavar**

| wash one's hands | *lavarse las manos* |
| washcloth | **la toallita** |

Hair and Nail Hygiene

La higiene del cabello y de las uñas

barber shop	**la barbería, la peluquería**
beauty salon	**la peluquería (de señoras), el salón (de belleza)**
brush (one's hair)	**cepillarse (el cabello, el pelo)**
brush	**el cepillo**
comb (one's hair)	**cepillarse, peinarse**
comb	**el peine**
The girl combs her hair.	*La chica se peina.*
cut one's nails	**cortarse las uñas**
dandruff	**la caspa**
file one's nails	**limar(se) las uñas**
hairbrush	**el cepillo del cabello**
haircut	**el corte de pelo**
hairdryer	**el secador**
lice	**los piojos**
lotion	**la loción**
manicure	**la manicura**
nail	**la uña**
nail brush	**el cepillo de uñas**
nail cutter	**el cortaúñas**
nail file	**la lima de uñas**
scissors	**las tijeras, la tijera**
shampoo	**el champú**

Oral Hygiene

La higiene bucal

brush one's teeth	**cepillarse, lavarse los dientes**
electric toothbrush	**el cepillo eléctrico**
floss	**limpiar con seda dental**
floss	**el hilo dental, la seda dental**

gargle	**hacer gárgaras**
mouthwash	**el enjuague bucal**
toothbrush	**el cepillo de dientes**
toothpaste	**la pasta de dientes, la pasta dentífrica**
toothpick	**el mondadientes, el escarbadientes, el palillo de dientes**

Illnesses, Disabilities, and Medical Care

Illnesses and Medical Conditions	**Las enfermedades y los padecimientos**
become ill	**enfermar, enfermarse**
blister	**la ampolla**
boil	**el forúnculo**
breathless	**sin aliento**
bruise	**el cardenal, el moretón**
bunion	**el juanete**
corn (toe)	**el callo**
discomfort	**el malestar, el trastorno**
dizzy	**mareado/a**
I am dizzy.	*Estoy mareado.*
dizzy spell	**el mareo**
drowsiness	**la somnolencia, la soñolencia**
drowsy	**somnoliento/a, soñoliento/a**
feeling drowsy	*estar soñoliento*
faint	**mareado/a**
feel	**sentirse**
feeling faint	*sentirse mareado/a*
get better	**mejorar**
hurt	**doler**
Where does it hurt?	*¿Qué te duele?, ¿Dónde te duele?*
ill	**mal, enfermo/a**

She is ill.	*Está enferma.*
illness	la enfermedad, la dolencia
pain	el dolor
patient	el enfermo, la enferma
pimple	el grano, la espinilla
queasy	mareado/a
sick	enfermo/a
so-so	regular
suffer	padecer
suffering	el padecimiento
throw up	vomitar, arrojar, devolver
unconscious	inconsciente
under the weather	enfermo/a, indispuesto/a
a bit under the weather	*un poco indispuesto/a, maluco/a, malucho/a*
weak	débil
well	bien
worsen	empeorar

Colds and Gastrointestinal Ailments

Los resfriados y los padecimientos gastrointestinales

chill	el escalofrío
cold	el catarro, el resfriado
She has a cold.	*Ella tiene un resfriado.*
colic	el cólico
constipated	estreñido/a, estítico/a
constipation	el estreñimiento
cough	toser
cough	la tos
diarrhea	la diarrea
earache	el dolor de oído
fever	la fiebre
slight fever	*la destemplanza*

flu	la gripa, la gripe
have a cold	estar resfriado/a, estar constipado/a

Must-Know Tip

Remember that **constipado/a** is a false cognate. In Spain use **estar constipado/a** to translate *to have a cold*. In other Spanish-speaking countries use **estar resfriado/a** or **tener un catarro**.

I have a cold.	***Estoy constipado.***

infection	la infección
migraine	la migraña
upset stomach	el trastorno estomacal
vomit	vomitar, arrojar, devolver
vomit	el vómito

Chronic and Life-Threatening Disorders / Las urgencias y los padecimientos crónicos

AIDS	el sida
allergy	la alergia
appendicitis	la apendicitis
arthritis	la artritis
asthma	el asma
bleed	sangrar
bleed to death	*desangrarse*
blood	la sangre
blood pressure	la presión arterial
high blood pressure	*la hipertensión*
bronchitis	la bronquitis
burn	la quemadura
second-degree burn	*la quemadura de segundo grado*

cancer	**el cáncer**
cut	**la cortada**
diabetes	**la diabetes**
emergency	**la urgencia**
heart attack	**el infarto, el ataque al corazón**
heart disease	**las enfermedades del corazón, los padecimientos del corazón**
HIV positive	**seropositivo/a, portador del virus VIH**
injection	**la inyección**
injured person	**el herido, la herida**
injury	**la herida**
jaundice	**la ictericia**
pneumonia	**la neumonía, la pulmonía**
rheumatism	**el reuma, el reumatismo**
swelling	**la hinchazón, la inflamación**
swollen	**inflamado/a, hinchado/a**
tonsillitis	**la amigdalitis**
tuberculosis	**la tuberculosis**
wound	**la herida**
X-ray	**el rayo X, la radiografía**

Psychological Conditions and Addictions	**Los padecimientos sicológicos y las dependencias físicas y síquicas**
addiction	**la adicción, la dependencia**
alcohol	**la bebida (alcohólica)**
alcoholic	**el alcohólico, la alcohólica**
alcoholism	**el alcoholismo**
anorexia	**la anorexia**
bulimia	**la bulimia**
cocaine	**la cocaína, la coca**
depressed	**deprimido/a**
depression	**la depresión**
drug	**la droga, el estupefaciente**

drug addict	el drogadicto, la drogadicta
drug addiction	la dependencia, la drogodependencia, la adicción
drunk	el borracho, la borracha
insane	loco/a
She is insane.	*Está loca.*
marijuana	la marihuana, la mariguana, la mota

Must-Know Tip

In Mexico and Central America **la mota** is a popular term used for **la mariguana.**

He smokes marijuana.   ***Él fuma mota.***

mental illness	la enfermedad mental
neurosis	la neurosis
nicotine poisoning	el tabaquismo
smoke	fumar
smoker	el fumador, la fumadora
stress	el estrés
tobacco	el tabaco
withdrawal symptoms	el síndrome de abstinencia

Disabilities

La incapacidad

amputee	el amputado, la amputada
blind	el ciego, la ciega; el/la invidente
blindness	la ceguera
deaf	sordo/a
deaf-mute	el sordomudo, la sordomuda
deafness	la sordera
disability	la discapacidad, la incapacidad
dumb (mute)	mudo/a

handicapped	**discapacitado/a**
lame	**cojo/a**
limp	**cojear**
limp	**la cojera**
mute	**mudo/a**
paralysis	**la parálisis**
paralyzed	**paralizado/a**

Medical Care — La asistencia médica

anesthetic	**la anestesia, el anestésico**
blood test	**el análisis de sangre**
cast	**la escayola, el yeso**
clinic	**la clínica**

> ### Must-Know Tip
> Use **la clínica** to refer to a private medical facility. Use **el hospital** to refer to a public hospital.

condition	**el estado**
critical condition	*en estado grave*
doctor	**el doctor, la doctora; el médico, la médica**
doctor's office	**el consultorio**
dressing	**el vendaje, la venda**
emergency room	**la sala de urgencias, la casa de socorros**
first aid	**los primeros auxilios**
fracture	**la fractura**
fractured arm	*el brazo fracturado*
hospital	**el hospital**
injection	**la inyección**
intensive care unit (ICU)	**la unidad de cuidados intensivos (UCI)**

laxative	el laxante
medical exam	el reconocimiento médico
medical insurance	el seguro médico
Do you have your medical insurance card?	*¿Tienes la tarjeta del seguro médico?*
nurse	el enfermero, la enfermera
office hours	las horas de oficina
operating room	el quirófano
operation	la operación
outpatient clinic	el ambulatorio
recovery room	la sala de recuperación
resuscitate	reanimar
rest	descansar, reposar
rest	el descanso, el reposo
therapist	el terapeuta, la terapeuta
thermometer	el termómetro
treatment	el tratamiento
wheel chair	la silla de ruedas

Medications / Los medicamentos

analgesic	el analgésico, el antiálgico
antibiotic	el antibiótico
aspirin	la aspirina
bandage	el esparadrapo, la venda
Band-Aid	la bandita, la tirita
cough medicine	el jarabe (para la tos)
cure	la cura
drops	las gotas
eyedropper	el cuentagotas, el gotero
drug	la medicina
first-aid kit	la caja/el botiquín de primeros auxilios
medicine	el medicamento, la medicina
ointment	la pomada

pharmacist	el farmacéutico, la farmacéutica
pharmacy	la farmacia
pill	la píldora
birth control pill	*la píldora anticonceptiva*
prescription	la receta médica
tablet	la tableta
therapy	la terapia
treatment	el tratamiento (médico)
vaccine	la vacuna

Dental Care — El cuidado dental

abscess	el absceso, el flemón
dentist	el/la dentista; el odontólogo, la odontóloga
denture	la dentadura postiza, la prótasis dental
cavity	la caries
I have one cavity.	*Tengo una caries.*
filling	el empaste
fluoride	el flúor
orthodontics	la ortodoncia
toothache	el dolor de muela
plaque	la placa
pull a tooth	sacar un diente

Eye Care — El cuidado de la vista

cataract	la catarata
contact lens	la lentilla, el lente de contacto
disposable contact lenses	*los lentes de contacto desechables*
cross-eyed	bizco/a
eye doctor	el/la oculista
eyeglasses	las gafas, los lentes, los espejuelos
farsighted	hipermétrope
farsightedness	la hipermetropía, la presbicia

nearsighted	miope
nearsightedness	la miopía
optician	el óptico, la óptica
see	ver
sight	la vista
squint	la bizquera, el estrabismo

Life and Death

## Stages of Life	## Las etapas de la vida
adulthood	la adultez
agony (death throes)	la agonía
bear (a child)	dar a luz, parir
birth	el nacimiento
birth certificate	el certificado, la partida de nacimiento
birthday	el cumpleaños
born (be)	nacer
childhood	la niñez
die	morir
life	la vida
live	vivir
middle age	la madurez
old	viejo/a
old age	la vejez
pension	la pensión, el retiro
people	la gente, las personas
retirement	la jubilación, el retiro
Social Security	la Seguridad Social
stage	la etapa
young	joven
youth	la juventud

Death

	La muerte
afterlife	la otra vida, el más allá
ashes	las cenizas
body	el cuerpo, el cadáver; el difunto, la difunta
burial	el entierro
bury	enterrar
cemetery	el cementerio
condolence(s)	el pésame
I want to express my condolences.	*Quiero darle el pésame.*
cremation	la cremación, la incineración
death certificate	el certificado de defunción
epitaph	el epitafio
funeral	el funeral
funeral home	la funeraria
grave	la sepultura, la tumba
hearse	el coche fúnebre
heir	heredero/a
inherit	heredar
inheritance	la herencia
last rites	las exequias fúnebres
life insurance policy	la póliza de seguro de vida
mourn	estar de luto
mourning	el luto
niche	el nicho
obituary	la necrología
pass away	fallecer
remains	los restos mortales
RIP, rest in peace	*D.E.P., descanse en paz*
tomb	la tumba
tombstone	la lápida
wake	el velorio
will	el testamento

4

Education

Education and School Subjects

Early Childhood Education   La educación primaria

arts and crafts	las artes manuales
civics	la educación cívica
count	contar
drawing	el diseño
education	la educación
elementary school	la educación primaria
grade	el grado
first grade	*el primer grado*
grammar	la gramática
kindergarten	el jardín de infancia, el kindergarten
numbers	los números
reading	la lectura
school	la escuela, el colegio, la academia
the school year	*el año escolar*

 Must-Know Tip

Be sure to use **la escuela** to refer to a public institution. Use **el colegio** and **la academia** to refer to private institutions.

public schools and private schools   **las escuelas públicas y los colegios privados**

He goes to the dance academy.   **Asiste a la academia de danza.**

spell	deletrear
spelling	la ortografía
vocabulary	el vocabulario
writing	la escritura

Middle School and High School

La educación secundaria

algebra	el álgebra
anatomy	la anatomía
art	el arte
biology	la biología
calculus	el cálculo
ceramics	la cerámica
chemistry	la química
classical languages	las lenguas clásicas
Greek and Latin are classical languages.	*El latín y el griego son lenguas clásicas.*
earth science	las ciencias naturales
elective subject	la materia, la asignatura optativa
environmental sciences	las ciencias del medio ambiente
geography	la geografía
geometry	la geometría
history	la historia
world history	*la historia universal*
medieval history	*la historia medieval*
literature	la literatura
mathematics	las matemáticas
modern languages	las lenguas modernas
music	la música
physical education	la educación física
physics	la física
psychology	la psicología
requirement	el requisito, la asignatura obligatoria
science	la ciencia
social science	las ciencias sociales
space science	las ciencias del espacio
subject	la asignatura, la disciplina, la materia
trigonometry	la trigonometría

Occupational Education	La formación profesional
audiovisual technology	los servicios audiovisuales
beauty school	la estética y peluquería
culinary school	la escuela culinaria
design	el diseño
hospitality (hotel) school	la escuela de hostelería
interior decoration	la decoración de interiores
management	la gestión
occupational therapy	la terapia ocupacional
secretarial course	el secretariado
trade school	la escuela de comercio
vocational training	la formación profesional

Classroom Procedures, Materials, and Equipment

In the Classroom	En la clase
attend	asistir
attendance	la asistencia
bell	el timbre, la campana
The bell rings at eight o'clock.	*El timbre suena a las ocho.*
blackboard	la pizarra, el pizarrón, el tablero
chalk	la tiza
class	la clase, la materia
classroom	la clase, el aula
course	el curso, la clase
eraser	el borrador
graduation	la graduación
headmaster, headmistress	el director, la directora
janitor	el conserje, la conserje
library	la biblioteca
map	el mapa
principal	el director, la directora

the assistant principal	**el subdirector, la subdirectora**
overhead projector	**el proyector**
recess	**el recreo**
schedule	**el horario de clase**
scholarship	**la beca**
semester	**el semestre**
student desk	**el pupitre, el banco**
student	**el estudiante, la estudiante;** **el alumno, la alumna**
subject	**la asignatura, la disciplina,** **la materia, el curso**

Must-Know Tip

Use **el curso** in South America for each of the six grades that follow elementary school.

I am in the seventh grade.	**Estoy en el primer curso.**
She is in the eleventh grade.	**Está en el quinto curso.**

substitute	**el sustituto, la sustituta**
teach	**dar clases, enseñar**
teacher	**el maestro, la maestra; el profesor,** **la profesora**
teacher's desk	**el escritorio**

Class Activities · Las actividades escolares

answer	**responder**
apply oneself	**esforzarse, ser aplicado/a**
he applies himself	*él es muy aplicado*
ask	**preguntar**
ask a question	*hacer una pregunta*
cheat	**copiar en un examen**
Cheating is forbidden.	*Prohibido copiar.*

composition	**la redacción, la escritura**
copy	**copiar**
correct	**corregir**
debate	**el debate**
discussion	**la discusión**
essay	**el ensayo, la disertación**
exercise	**el ejercicio**
explain	**explicar**
group work	**el trabajo en equipo**
homework	**la tarea, el deber, los deberes**
instruction	**la enseñanza, la instrucción**
learn	**aprender**
lecture	**la conferencia**
lesson	**la lección**
make progress	**mejorar**
I have made a lot of progress.	*He mejorado mucho.*
obey	**obedecer**
participate	**participar**
skip school	**faltar a clase**
teaching	**la enseñanza**
take notes	**tomar apuntes, tomar notas**
underscore	**subrayar**
understand	**comprender, entender**
vacation	**las vacaciones**
write	**escribir**
Write it down.	*Escríbelo.*

Exams and Grades · Los exámenes y las notas

aptitude	**la habilidad**
assess	**evaluar, calificar**
average	**el promedio, la media**
difficult	**difícil**
diploma	**el diploma**
easy	**fácil**
exam	**el examen**
written and oral exams	*los exámenes escritos y orales*

fail	**fallar, reprobar, suspender (un examen)**
I failed the class.	*Suspendí la clase.*
gifted	**dotado/a**
grade	**calificar**
grade	**la nota, la calificación**
It is not easy to earn good grades.	*No es fácil sacar buenas notas.*
knowledge	**el conocimiento, la sabiduría**
mistake	**el error, la falta**
outstanding	**sobresaliente**
pass	**el aprobado**
quiz	**la prueba**
take an exam	**tomar un examen**

School Supplies and Materials — Los útiles y materiales escolares

binder	**la carpeta**
book	**el libro**
book bag	**la mochila**
crayon	**el creyón**
dictionary	**el diccionario**
erase	**borrar**
eraser	**la goma de borrar**
folder	**la carpeta de archivo**
highlighter	**el rotulador**
marker	**el marcador, el plumón**
notebook	**el cuaderno**
pen	**el bolígrafo, la birome, la lapicera, la pluma**

 Must-Know Tip

Use **la birome** to refer to a *pen* in Argentina, Paraguay, and Uruguay. In other places in South America **la lapicera** is also used to refer to a *pen*.

I need a pen.   ***Necesito una birome.***

pencil	el lápiz, el lapicero
pencil sharpener	el sacapuntas
protractor	el transportador
ruler	la regla
scissors	la tijera, las tijeras
Scotch tape	la cinta adhesiva
sheet	la hoja de papel
staple	la grapa
stapler	la grapadora, la abrochadora
tape player	la grabadora
workbook	el cuaderno

Computers and Hardware
Las computadoras y el hardware

CD	el CD, los CD
CD-ROM	el CD-ROM, el cederrón
CD-ROM drive	el lector CD-ROM, el compacto de sólo lectura
crash	bloquear
crash	el bloqueo
disk drive	el lector de discos
earphones	los auriculares
hard disk	el disco duro
install	instalar
key	la tecla
keyboard	el teclado
laptop	el ordenador portátil, el laptop, la computadora portátil
memory	la memoria
microphone	el micrófono
modem	el módem
monitor	el monitor, la pantalla

mouse	**el ratón**
personal computer	**el ordenador, la computadora**
print	**imprimir**
printer	**la impresora**
the ink-jet printer and the laser printer	*la impresora de inyección de tinta y la impresora láser*
scan	**escanear**
scanner	**el escáner, el escanógrafo**
screen	**la pantalla**
screen saver	**el salvapantallas**
word processor	**el procesador de textos**

Computer Software

El software

anti-virus program	**el programa anti-virus**
click	**pinchar, cliquear, hacer clic**
Click here.	*Pincha aquí.*
computer game	**el videojuego**
computer program	**el programa de la computadora, el software**
data bank	**el banco de datos**
download	**cargar, transferir**
Download the file.	*Carga el archivo.*
electronic game	**el juego electrónico**
highlight	**subrayar**
load	**cargar, empezar**
I need to load the program.	*Necesito cargar el programa.*
program	**el programa**
programmer	**el programador, la programadora**
software package	**el paquete de software**
word-processing program	**el programa de tratamiento de textos**

Higher Education, Distance Learning, and Technology

Higher Education	La educación universitaria
admit	ingresar
adult education	la educación de adultos
B.A.	la licenciatura
career	la carrera, la profesión
chair	la cátedra
chairperson	el catedrático, la catedrática
college	la universidad
course credit	el crédito universitario
She is taking twelve credits.	*Está haciendo doce créditos universitarios.*
degree	el título, la licenciatura
I have a degree in mathematics.	*Tengo un título en Matemáticas.*
dissertation	la disertación, la tesina
doctoral dissertation	la tesis doctoral
dorm	el colegio mayor, el colegio universitario, la residencia de estudiantes
enrolled	inscrito/a
enrollment	la inscripción
faculty	la facultad, el profesorado
graduate	el egresado, la egresada de la universidad
master's degree	el título de máster
She has a master's degree in economics.	*Ella tiene un máster en Economía.*
Ph.D.	el doctorado
professor	el profesor, la profesora
register	matricularse
I registered for this class.	*Me matriculé en esta clase.*
registration	la inscripción, la matrícula
rejected	rechazado/a
research center	el centro de investigación

seminar	el seminario
student center	el centro estudiantil
university	la universidad
university cafeteria	el comedor universitario

Higher Education Schools and Careers
Las facultades y las carreras universitarias

accounting	la contabilidad
advertising	la publicidad
computer science	la informática
humanities	las humanidades, la facultad de Filosofía y Letras
marketing	el marketing, la mercadotecnia
a degree in marketing	*un título en Mercadotecnia*
school of architecture	la escuela de Arquitectura
school of education	la escuela de Pedagogía
school of engineering	la escuela de Ingeniería
civil engineering	*la ingeniería civil*
school of fine arts	la escuela de Bellas Artes
school of journalism	la escuela de Periodismo
school of law	la facultad de Derecho
school of liberal arts	la escuela de Letras
school of medicine	la facultad de Medicina
school of pharmacy	la escuela de Farmacia
school of political science	la facultad de Ciencias Políticas
school of theology	la facultad de Teología

Distance Learning
Los cursos online

distance learning	la capacitación a distancia, online
fee	el honorario
registration fee	*el honorario, la matrícula*
interactive	interactivo/a
interactive exercises	*los ejercicios interactivos*
multimedia	multimedia
a multimedia system of communication	*un sistema multimedia de comunicación*

online class, online course	**la clase en línea, el curso en línea**
site	**el sitio**
telecommunication	**la telecomunicación**
tuition	**la cuota**
user	**el usuario, la usuaria**
videoconference	**la videoconferencia**
virtual class	**la clase virtual, el curso virtual**
virtual conference	**la conferencia virtual**
wireless technology	**la tecnología inalámbrica**

5

Shopping

Buying and Selling, Customer Service, and Transactions

Buying and Selling	La compra y la venta
bargain	negociar, regatear
I pay less if I bargain.	*Pago menos si regateo.*
bargain	la ganga, el chollo
It's a bargain!	*¡Es una ganga!*
buy	comprar
buy	la compra
It's a good buy.	*Es una buena compra.*
cash register	la caja
cheap	barato/a, basto/a
close	cerrar
closed	cerrado/a
Closed on Sundays.	*Cerrado los domingos.*
cost	costar
How much does it cost?	*¿Cuánto cuesta?*
How much is it?	*¿Cuánto es?*
costly	costoso/a
expensive	caro/a
free	gratis
inexpensive	barato/a, económico/a
merchandise	la mercancía
sale	la venta
sales price	el saldo, la liquidación, las rebajas
end-of-the-season sales	*los saldos de fin de temporada*
sell	vender
shop	comprar
go shopping	*ir de compras*
shop	la tienda
shopping bag	la bolsa de la tienda
spend	gastar

Advertising

ad	el anuncio
advertise	anunciar
appeal	atraer
appealing	atractivo/a
billboard	la cartelera, la valla
brand	la marca
campaign	la campaña
launch a campaign	*lanzar una campaña*
catalog	el catálogo
classified	el anuncio clasificado
commercial	el comercial
discount coupon	el cupón de descuento
flyer	el volante
free	gratis
image	la imagen
jingle	la canción publicitaria
junk mail	la propaganda de buzón
model	el/la modelo
newspaper ad	el anuncio del periódico
opening	la apertura, la inauguración
persuade	persuadir
promotion	la promoción
publicity	la publicidad
window (display)	el escaparate, la vidriera
go window shopping	*ir a mirar los escaparates*
window dressing	el arreglo de las vitrinas, de los escaparates

Colors and Shapes

Los colores y las formas

angular	angular
beige	beige
black	negro/a
blue	azul

brown	marrón
circle	el círculo
circular	circular
color	el color
dark	oscuro/a
flat	aplanado/a, plano/a, liso/a
gold	dorado/a
gray	gris
green	verde
light	claro/a
oval	el óvalo
oval	ovalado/a
pink	rosa, rosado/a
purple	morado/a
rectangle	el rectángulo
rectangular	rectangular
red	rojo/a
round	redondo/a
shape	la forma
silver	plateado/a
square	el cuadrado
square	cuadrado/a
triangle	el triángulo
triangular	triangular
violet	violeta
white	blanco/a
yellow	amarillo/a

Customer Service — El servicio al cliente

customer	el/la cliente, la clienta
help	atender, ayudar
How may I help you?	*¿En qué puedo atenderlo?*
Do you need help?	*¿Necesita que lo atienda?*
refund	el reembolso

You need the receipt for the refund.	*Ud. necesita el recibo para el reembolso.*
return	**devolver**
return	**la devolución**
No returns.	*No se aceptan devoluciones.*
salesperson	**el/la dependiente; el vendedor, la vendedora**
take care of	**atender**
wrap	**envolver**
gift wrap	*envolver para regalo*

Purchases and Payments / Las compras y los pagos

bill	**el billete**
change	**el cambio**
check	**el cheque**
traveler's check	*el cheque de viajero*
coin	**la moneda**
credit	**el crédito**
buy on credit	*comprar a crédito*
credit card	**la tarjeta de crédito**
deal	**el acuerdo, la transacción**
It's a deal.	*Trato hecho.*
discount	**el descuento, la rebaja**
discount sales	*las rebajas*
electronic transaction	**la transacción electrónica**
installment	**a plazos**
money	**el dinero, la plata**
pay	**pagar**
pay by installments	*pagar a plazos*
pay cash	*pagar al contado*
payment	**el pago**
price	**el precio**
purchase	**comprar**
purchase	**la compra**

receipt	**el recibo**
Here is your receipt.	*Aquí tiene su recibo.*
retail	**al detalle**
retailer	**el/la detallista; el/la minorista**
wholesale	**al por mayor**
wholesaler	**el/la mayorista; el/la comerciante por mayor**

Places to Shop and Stores

Places to Shop	Los establecimientos
barber shop	**la barbería, la peluquería**
beauty shop	**la peluquería**
flea market	**el rastro**
food	**el alimento, la comida**
food market	**el ultramarinos, la bodega, el colmado**
grocery store	**la tienda de comestibles**
mall	**el centro comercial, el mall**
market	**la plaza, el mercado**
the butcher shop in this market	*la carnicería de esta plaza*
open	**abrir**
At what time do you open?	*¿A qué hora abren?*
open	**abierto/a**
outlet	**la plaza outlet**
pawn	**empeñar**
pawn shop	**la casa de empeño**
shopping basket	**la cesta de la compra**
shopping cart	**el carrito de la compra**
shopping center	**el centro comercial**
shopping list	**la lista de la compra**
supermarket	**el supermercado, el súper**

Stores

bookstore

Las tiendas

la librería

 Must-Know Tip
Remember **la librería** is a false cognate. *Library* is **la biblioteca**.

bridal shop	**la tienda de novias**
department store	**el almacén**
elevator	**el ascensor, el elevador**
escalator	**la escalera automática**
fire exit	**la salida de incendios**
flower shop	**la floristería, la florería**
furniture store	**la mueblería**
hardware store	**la ferretería**
ice-cream parlor	**la heladería**
leather goods store	**la peletería**
newsstand	**el quiosco de periódicos**
perfumery	**la perfumería**
pharmacy	**la farmacia**
security guard	**el/la guardia**
shoe store	**la zapatería**
stationery	**los artículos de papel**
stationery store	**la papelería**
tailor's shop	**la sastrería**
tobacco shop, tobacconist	**el estanco, la tabaquería**
upholstery shop	**la tapicería**

Clothing

At the Clothing Store

clothes, clothing
clothes rack

En la tienda de ropas

la ropa
el perchero

designer	**el diseñador, la diseñadora; el modisto, la modista**
fashion	**la moda**
fit	**quedarle a uno bien**
It fits me well.	*Me queda bien.*
garment	**la prenda de vestir, la ropa**
gentlemen's	**el departamento de caballeros**
hanger	**la percha, el perchero**
ladies'	**el departamento de señoras**
linens	**la ropa de casa**
size	**la talla, el número**
wear a size	*medir la talla, calzar el número*
take	**llevarse**
I'll take it.	*Me lo llevo.*
try on	**probarse**
Try the dress on!	*¡Pruébate el vestido!*

Clothing Description and Materials

La descripción y las telas de las prendas de vestir

checkered	**a cuadros**
cloth	**el paño, la tela**
comfortable	**cómodo/a**
corduroy	**la pana**
cotton	**el algodón**
elegant	**elegante**
embroidered	**bordado/a**
linen	**el hilo, el lino**
long	**largo/a**
loose	**ancho/a**
These pants are loose on me.	*Estos pantalones me quedan anchos.*
loud	**chillón, chillona**
loud color	*el color chillón*
man-made	**sintético/a**
match	**hacer juego**

material	**la tela**
polka-dot	**a lunares, de lunares**
print	**el estampado**
ready-made	**la ropa hecha**
sateen	**el satén, el satín**
short	**corto/a**
shrunk	**encogido/a**
silk	**la seda**
sleeve	**la manga**
long-sleeved	*de manga larga*
soft	**suave**
striped	**a rayas**
tight	**estrecho/a**
velvet	**el terciopelo**
wool	**la lana**
wool jacket	*la chaqueta de lana*

Business and Formal Attire — La ropa formal y de etiqueta

blouse	**la blusa**
bow tie	**la pajarita**
coat	**el abrigo, el saco; el tapado (de señoras)**
cuff	**el bajo de los pantalones; el puño de la manga**
dinner jacket	**el traje de etiqueta**
dress	**el vestido**

 Must-Know Tip

Remember to use definite articles and not possessive adjectives with clothes and items of personal hygiene.

I put on my blouse.   **Me pongo la blusa.**

I take out the comb to comb my hair.   **Saco el peine para peinarme.**

ensemble	el conjunto
The skirt and vest ensemble is very pretty.	*El conjunto de falda y chaleco es muy bonito.*
gown	el vestido largo
a wedding gown	*un vestido de novia*
handkerchief	el pañuelo
jacket	la chaqueta, el saco, la americana
kerchief	el pañuelo
ladies' wear	la ropa de señora
miniskirt	la minifalda, la mini
overcoat	el abrigo
pants	los pantalones
raincoat	el impermeable, el chubasquero
scarf	la bufanda
shawl	la pañoleta, el pañuelo
shirt	la camisa
long-sleeved shirt	*la camisa de manga larga*
skirt	la falda
suit	el traje
tie	la corbata
tuxedo	el esmoquin
uniform	el uniforme
vest	el chaleco

Casual Attire / La ropa de sport, informal

bathing trunks	el bañador
blue jeans	los jeans, los tejanos, los vaqueros
cap	la gorra
casual look	la moda deportiva
loose shirt	el blusón
shorts	los pantalones cortos, el short, las bermudas
sneakers	las zapatillas deportivas
I wear sneakers to work.	*Llevo zapatillas deportivas al trabajo.*

sun hat	el sombrero
sweatshirt	la sudadera
swimsuit	el traje de baño, el bañador
T-shirt	la camiseta, el niki, la remera

Undergarments and Nightclothes

La ropa interior y la ropa de dormir

brassiere, bra	el sostén, el sujetador, el brasier, el brassier
change of clothes	la muda (de ropa)
chemise	el corpiño
garter	la liga
girdle	la faja
house slippers	las zapatillas
lingerie	la lencería
panties	las bragas
pantyhose	las medias
pajamas	el pijama, el piyama, los pijamas
robe	la bata de casa
shorts	el calzoncillo, los calzoncillos
slipper	la zapatilla
sock	el calcetín, la media
stocking	la media de señora
tights	los leotardos
undershirt	la camiseta
underwear	la ropa interior; los calzoncillos

Shoes, Leather Goods, and Accessories

El calzado, los artículos de piel y los accesorios

bag	el bolso, la cartera
belt	el cinturón, el cinto, la correa
boot	la bota
cane	el bastón
canvas shoe	la alpargata
glove	el guante

leather gloves	los guantes de piel
high heel	el tacón alto
high-heeled shoe	el zapato de tacón
leather jacket	la chaqueta de cuero, la campera
purse	el monedero
sandal	la sandalia
shoe	el zapato, el calzado
shoe store	la zapatería, la peletería
shoelace	el cordón
sunglasses	los lentes de sol, las gafas de sol
umbrella	el paraguas; la sombrilla
wallet	la billetera

Dry Cleaning and Alterations

La tintorería y los arreglos

alter	arreglar
alteration	el arreglo
Alterations are not included in the price.	Los arreglos no están incluidos en el precio.
button	el botón
cleaners	la tintorería
dry	secar
dry cleaning	el lavado en seco
hem	el dobladillo, el ruedo
hole	el agujero, el roto
laundry	la colada
measuring tape	la cinta (de medir)
mend	remendar
patch	el remiendo
pin	el alfiler
pleat	el pliegue, la pinza
pocket	el bolsillo
press	planchar
repair	remendar

scissors	las tijeras, la tijera
seamstress	la costurera, la modista
sew	coser
sewing machine	la máquina de coser
shop, workshop	el taller (de costura)
spot	la mancha
stain	la mancha
tailor	el sastre
tailor shop	la sastrería
tear	el desgarrón
thread	el hilo
wash	lavar
zipper	la cremallera

Jewelry, Makeup, Hair Products, and Toiletries

Jewelry

Las joyas

bangle	la esclava
gold bangle	*la esclava de oro*
bracelet	el brazalete, la pulsera
brooch	el broche
cuff links	los gemelos
I have a pair of gold cuff links for this shirt.	*Tengo unos gemelos de oro para esta camisa.*
diamond	el diamante
earring	el arete, el pendiente, el zarcillo
emerald	la esmeralda
gold	el oro
jewel	la joya
jewelry shop	la joyería
link chain	la cadena de eslabones
necklace	el collar

pearl	la perla
pearl necklace	*el collar de perlas*
ring	la sortija
ruby	el rubí
watch	el reloj
gold watch	*el reloj de oro*
wedding band	el anillo de casado/a, el aro

Makeup, Hair Products, and Toiletries

El maquillaje, los productos para el cabello y el aseo personal

after-shave lotion	la loción para después de afeitarse
anti-wrinkle cream	la crema antiarrugas
blusher	el colorete, el rouge
cleanser	la loción demaquilladora
cologne	el agua de colonia
dye	teñir
I dye my hair to hide my grey hair.	*Me tiño el pelo para esconder las canas.*
eye shadow	la sombra de los ojos
eyebrow pencil	el lápiz de cejas
eyeliner	el lápiz de ojos
face powder	los polvos de la cara
foundation makeup	la base
gel	el fijador
hair color	el tinte de pelo
hair spray	la laca
hand lotion	la crema para las manos
lipstick	la barra de labios, el pintalabios
lotion	la loción
mascara	el rímel
men's cologne	la colonia para caballeros
moisturizer	la crema hidratante
nail file	la lima de uñas
nail polish	la pintura de uñas, el esmalte de uñas

nail-polish remover	la acetona
perfume	el perfume
perm	el permanente, la permanente
toilet water	el agua de colonia, la colonia
tweezers	las pinzas

Food Shopping

Bakery and Pastry Shops

La panadería y la pastelería

bread	el pan
a loaf of bread	*una barra de pan*
candy	los caramelos
chocolate	el bombón de chocolate
chocolate bar	*la barra de chocolate*
confectioner's (candy) shop	la confitería, la pastelería
cookie	la galleta dulce, la pasta
cracker	la galleta
crumb	la miga
crusty	crujiente
flour	la harina
fresh	fresco/a
fresh bread out of the oven	*el pan fresco recién salido del horno*
moldy	mohoso/a
pastry	el pastel
roll	el bollo, el panecillo
rubbery	correoso/a
rye bread	el pan de centeno
stale	duro/a, rancio/a
crust of stale bread	*el mendrugo*
sweets	los dulces
toast	la tostada
French toast	*la torrija*
white bread	el pan blanco
whole-wheat bread	el pan integral, el pan negro

Butcher and Delicatessen

La carnicería y la charcutería

bacon	el beicon, el bacón, el tocino, la tocineta
beef	la carne de vaca, la carne de res
blood sausage	la morcilla
brisket	la falda
cheese	el queso
goat cheese	*el queso de cabra*
chicken	el pollo
chicken breast	*la pechuga de pollo*
chop	la chuleta
chopped meat	la carne picada
duckling	el pato
ham	el jamón
boiled ham	*el jamón de York*
cured ham	*el jamón serrano*
lamb	el cordero
liver	el hígado
meat	la carne
pâté	el paté
pork	el cerdo
pork loin	*el lomo de cerdo*
quail	la codorniz
red meat	la carne roja
sausage	el chorizo, la salchicha
sirloin	el solomillo
steak	el bistec, el filete
turkey	el pavo
veal	la ternera

Fish Market

La pescadería

calamari	los calamares
clam	la almeja
cockles	los berberechos

cod	**el bacalao**
crab	**el cangrejo**
eel	**la anguila, el congrio**
fish	**el pescado**

 Must-Know Tip

Use **el pescado** for fish out of the water and served as food. Use **el pez, los peces** for live fish.

There are many fish in the pond.   **Hay muchos peces en el estanque.**

Do you like to eat fish?   **¿Te gusta comer pescado?**

hake	**la merluza**
halibut	**el mero**
herring	**el arenque**
lobster	**la langosta**
mussel	**el mejillón**
octopus	**el pulpo**
oyster	**la ostra**
salmon	**el salmón**
sardine	**la sardina**
sea bass	**la lubina, el róbalo**
baked sea bass	*la lubina al horno*
shellfish	**el marisco**
shrimp	**la gamba, el camarón**
snapper	**el pargo**
sole	**el lenguado**
squid	**el calamar**
trout	**la trucha**
tuna	**el atún**

Fruit and Vegetable Market   La frutería y la verdulería

apple	**la manzana**
apricot	**el albaricoque**

artichoke	**la alcachofa, el alcaucil**
asparagus	**el espárrago**
avocado	**el aguacate**
banana	**la banana, el plátano, el cambur**
beet	**la remolacha**
blackberry	**la mora**
broccoli	**el brécol, el brócoli**
Brussels sprouts	**la col de Bruselas**
cabbage	**la col**
carrot	**la zanahoria**
cauliflower	**la coliflor**
celery	**el apio**
cereal	**el cereal**
cherry	**la cereza**
corn	**el maíz**
cucumber	**el pepino**
eggplant	**la berenjena**
fig	**el higo**
fruit stand	**la frutería**
grape	**la uva**
a bunch of grapes	***un racimo de uvas***
grapefruit	**el pomelo, la toronja**
green bean	**la judía verde**
leek	**el puerro**
lemon	**el limón**
lettuce	**la lechuga**
mandarin orange	**la mandarina**
mango	**el mango**
melon	**el melón**
onion	**la cebolla**
orange	**la naranja**
papaya	**la papaya, la fruta bomba**

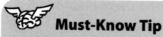 **Must-Know Tip**

Be sure not to use **la papaya** in Cuba. Use **la fruta bomba** instead.

pea	**el guisante, la arveja**
peach	**el durazno, el melocotón**
pear	**la pera**
pepper	**el pimiento, el ají**
hot pepper	*el pimiento picante*
pineapple	**la piña, el ananás**
plum	**la ciruela**
Fresh plums are juicy.	*Las ciruelas frescas son jugosas.*
potato	**la papa, la patata**
Potatoes are originally from the Andes, not Idaho.	*La papa es originaria de los Andes, no de Idaho.*
pumpkin	**la calabaza**
pumpkin seed	*la semilla de calabaza*
radish	**el rábano**
raspberry	**la frambuesa**
spinach	**la espinaca**
squash	**el calabacín**
strawberry	**el fresón, la fresa**
tomato	**el tomate, el jitomate**

 Must-Know Tip

Be sure to use **el jitomate** in Mexico.

vegetable	**el vegetal, la verdura, la hortaliza**
vegetable stand	**la verdulería**
watermelon	**la sandía, la patilla**
zucchini	**el calabacín**

Grocery Store

La tienda de comestibles, el ultramarinos

bay leaves	las hojas de laurel
bean	el frijol
butter	la manteca, la mantequilla
cereal	el cereal
coffee	el café
egg	el huevo
margarine	la margarina
marmalade	la mermelada
mayonnaise	la mayonesa, la mahonesa
milk	la leche
fat-free milk	*la leche descremada*
oats	la avena
oil	el aceite
olive	la aceituna, la oliva
olive oil and peanut oil	*el aceite de oliva y el aceite de maíz*
oregano	el orégano
pepper	la pimienta
rice	el arroz
saffron	el azafrán
salt	la sal
seasonings, spices	las especias
tea	el té

6

A Place to Live

Housing

Types of Housing and Surroundings	Los tipos de viviendas y los alrededores
amenities	las instalaciones, los servicios
apartment	el apartamento, el piso
apartment complex	el bloque de apartamentos
apartment house	el edificio de apartamentos
attached house	la casa adosada
block	la manzana
building	el edificio
club	el club, el centro
common area	las zonas comunes
condominium	el condominio, la propiedad horizontal
development	la urbanización, la colonia

 Must-Know Tip

Use **la colonia** and not **la urbanización** in Mexico and Central America.

dwelling	la vivienda, la morada
first floor	la planta baja
flat	el piso, el apartamento
I live on the fifth floor.	*Vivo en el quinto piso.*
foyer	el recibidor, el vestíbulo
hallway	el pasillo
home	el hogar, la casa, el domicilio
at home	*en casa*
house	la casa
housing	la vivienda
neighborhood	el barrio, el vecindario
security	la seguridad
studio	el estudio

urbanization	la urbanización
view	la vista
ocean view	*la vista al mar*

Features and Fixtures	**Las características y los enseres fijos**
air conditioning	el aire acondicionado, el aire refrigerado
attic	el ático
awning	el toldo
balcony	el balcón
basement	el sótano
beam	la viga
burglar alarm	la alarma
cable	el cable
ceiling	el techo; el cielo raso
ceiling fan	el ventilador, el abanico
chimney	la chimenea
cord	el cordón
door	la puerta
doorknob	el pomo de la puerta
downstairs	abajo
drainage	el desagüe, el desagüadero
electrical outlet	el enchufe
emergency exit	la salida de urgencia
entrance	la entrada
exit	la salida
facade	la fachada
fireplace	la chimenea, el hogar

 Must-Know Tip

Remember **la chimenea** indicates both *the fireplace* and *the chimney.*

Smoke comes out of the chimney.   ***El humo sale por la chimenea.***

Let's light up the fireplace.   ***Vamos a encender la chimenea.***

frame	el marco
the window frames	*los marcos de las ventanas*
fuse	el fusible
garage	el garaje
heating system	la calefacción
inside	dentro
key	la llave
light switch	el interruptor
turn on the light	*encender la luz, prender la luz*
lock	cerrar con llave
I lock the door.	*Cierro la puerta con llave.*
lock	la cerradura
main entrance	la entrada principal
outside	fuera, afuera
patio	el patio
pipe	el tubo
plug in	enchufar
pull the plug	*desenchufar*
plug	la clavija, el enchufe
railing	la baranda, la barandilla
roof	el techo, el tejado
shutter	el postigo, la contraventana
short circuit	el cortocircuito
socket	la toma
staircase	las escaleras
stairs	la escalera
go up and go down the stairs	*subir y bajar las escaleras*
step	el escalón
storage room	el trastero, el escurridor
terrace	la terraza
upstairs	arriba
wall	la pared, el muro
wall plug	el tomacorriente
wall-to-wall carpet	la moqueta, la alfombra

water pipe	la cañería, la tubería del agua
window	la ventana
windowpane	el vidrio de la ventana
wire	el alambre

Buying and Selling, Renting

Buying and Selling

La compra y venta

borrow	pedir (dinero) prestado
broker	el/la agente de la inmobiliaria
closing	el cierre de la compra y venta
deed	la escritura
down payment	el depósito, la entrada
in escrow	en depósito
lend	prestar (dinero)
loan	el préstamo
mortgage	hipotecar
mortgage	la hipoteca
the mortgage payment	*el pago de la hipoteca*
owner	el dueño, la dueña
rate	la tasa de interés
real estate	el inmueble, los bienes raíces
real estate agency	la inmobiliaria
sales commission	la comisión por la venta
House for sale.	*Se vende casa.*
sell	vender
tenant	el inquilino, la inquilina
unfurnished	desamueblado/a

Renting

El alquiler

furnished apartment	el apartamento amueblado
landlord	el dueño, la dueña
lease	el contrato de arrendamiento, el contrato de alquiler

two-year lease	*el contrato por dos años*
move	mudarse
move	la mudanza
owner	el dueño, la dueña; el propietario, la propietaria
rent	alquilar, arrendar
Apartment for rent.	*Se alquila apartamento.*
rent	el alquiler, el arrendamiento
security deposit	el depósito, la fianza
sublet	subarrendar
tenant	el inquilino, la inquilina
unfurnished	desamueblado/a, sin muebles

Construction, Repairs, and Remodeling

add	añadir
addition	la adición
The second bathroom is a recent addition.	*El segundo baño es una adición reciente.*
build	construir
bulldozer	la aplanadora
concrete mixer	la hormigonera, la concretera
crane	la grúa
gutter	el canalón, el canelón
hard hat	el casco
install	instalar
lay	instalar
lay a floor	*instalar un piso*
leak	la gotera
paint	pintar
paint	la pintura
pipe	la cañería, la tubería
a broken pipe	*la rotura de la cañería*
remodel	remodelar, remozar

remove	sacar, quitar
repair	reparar
repair	la reparación
roof tile	la teja
sand	la arena
scaffolding	el andamio
security door	la puerta acorazada
stone	la piedra
tile	la baldosa
wallpaper	empapelar las paredes
wallpaper	el papel para empapelar las paredes
wood floor	el parquet

Materials and Tools / Los materiales y las herramientas

brick	el ladrillo
caulk	enmasillar
caulking	la masilla
cement	el cemento
drill	taladrar
drill	el taladro
hammer	martillar
hammer	el martillo
machine	la máquina
marble	el mármol
nail	la puntilla
pick	el pico
pliers	las tenazas, el alicate
screw	atornillar
screw	el tornillo
screwdriver	el destornillador
tool	la herramienta
unscrew	destornillar
wrench	la llave

Rooms, Furniture, and Accessories

Bathroom

El baño

air freshener	el ambientador
bathtub	la bañera
bidet	el bidé
faucet	el grifo, la llave del agua, la pila
hot water faucet	*el grifo de agua caliente*
laundry basket	el cesto de la ropa
medicine cabinet	el botiquín
mirror	el espejo
scale	la balanza, la pesa
shower	la ducha
shower curtain	la cortina de baño
sink	el lavabo, la pila
soap dish	la jabonera
toilet	el inodoro, el retrete, el váter
towel	la toalla
towel rack	el toallero
Put the towel on the towel rack.	*Pon la toalla en el toallero.*

Bedroom

El dormitorio, la alcoba, la habitación

alarm clock	el despertador
bed	la cama
bedspread	el cubrecama, la sobrecama, la colcha
blanket	la colcha, la manta, la frazada
blinds	las persianas
bunk bed	la litera
chest of drawers	la cómoda
closet	el armario, el ropero, el armario empotrado, el clóset
curtain	la cortina

cushion	el cojín
drapes	las cortinas
drawer	el cajón, la gaveta
dresser	el aparador
hanger	el perchero, la percha
mattress	el colchón
night table	la mesita de noche
The alarm clock is on the night table.	*El despertador está en la mesita de noche.*
pillow	la almohada
pillowcase	la funda
quilt	la colcha, el edredón
sheet	la sábana
wardrobe	el armario, el ropero

Dining Room — El comedor

bowl	el bol, el tazón, el plato hondo
buffet	el aparador, el bufé
chair	la silla
chandelier	la araña
cup	la taza

 Must-Know Tip

Remember *cup* is **la taza** and not **la copa** (*wineglass*).

I drink a cup of coffee.	*Bebo una taza de café.*
I drink a glass of red wine.	*Bebo una copa de vino tinto.*

cutlery	los cubiertos
dish	el plato
fork	el tenedor
glass	el vaso
knife	el cuchillo

stainless steel knives	*los cuchillos de acero inoxidable*
napkin	**la servilleta**
place setting	**el cubierto**
saucer	**el plato**
sideboard	**el aparador**
spoon	**la cuchara**
soup spoon	**la (cuchara) sopera**
sugar bowl	**el azucarero**
Pass me the sugar bowl.	*Páseme el azucarero.*
table	**la mesa**
dining room table	*la mesa de comedor*
tablecloth	**el mantel**
teapot	**la tetera**
teaspoon	**la cucharilla para café**
tray	**la bandeja**
vase	**el florero, el centro de mesa**
wineglass	**la copa para vino**

Kitchen — La cocina

apron	**el delantal**
bottle opener	**el abrebotellas**
burner	**el quemador, la hornilla**
coffeemaker	**la cafetera**
cook	**cocinar**
corkscrew	**el sacacorchos**
dishcloth	**el paño de cocina**
electric can opener	**el abrelatas eléctrico**
frying pan	**el sartén**
matches	**las cerillas, los fósforos**
microwave oven	**el microondas**
napkin	**la servilleta**
paper napkin	*la servilleta de papel*
oven	**el horno**
paper towel	**la toalla de papel**
pot	**la cazuela, la olla, el puchero**

sink	el fregadero, la pila de fregar
stove	la cocina, el fogón
We have a gas stove.	*Tenemos una cocina de gas.*
trash can	el cubo de la basura, el zafacón

Living Room — La sala, el salón

armchair	el sillón, la butaca
bookshelf	el librero
coffee table	la mesita
cushion	el cojín
fireplace	el hogar, la chimenea
living room set	el juego de sala, el tresillo
picture	el cuadro
rocking chair	la mecedora, el sillón
rug	la alfombra
sofa	el sofá

Housework, Chores, and Routines

Appliances — Los electrodomésticos

blender	la batidora, el túrmix
cassette player	el casete
clothes dryer	la secadora (de ropa)
clothes washer	la lavadora
dishwasher	el lavavajillas, la lavadora de platos
dishwashing liquid	el lavavajillas
dry	secar (la ropa)
dryer	la secadora (de ropa)
electric stove	la cocina eléctrica
freezer	el congelador, la congeladora
hair dryer	la secadora de pelo
microwave (oven)	el microondas
mixer	la batidora, el túrmix
refrigerator	la nevera, el refrigerador, la refrigeradora

tape player	el casete
tape recorder	la grabadora
trash compactor	el triturador de basura
TV set	el televisor, la televisión
vacuum	pasar la aspiradora
vacuum cleaner	la aspiradora
washing machine	la lavadora
I turn on the washing machine.	*Enciendo la lavadora.*

Chores — Los quehaceres del hogar

bleach	la lejía
broom	la escoba
brush	el cepillo
clean	limpiar
clean up	arreglar
cleaner	el limpiador
cleaning person	el empleado, la empleada
detergent	el detergente
dirt	la suciedad
dirty	sucio/a
dirty clothes	*la ropa sucia*
dishwasher detergent	el detergente de lavaplatos
do dishes	fregar los platos, lavar la vajilla
do laundry	lavar la ropa
drain (the dishes)	escurrir los platos
dust	sacudir el polvo
dustpan	el recogedor
floor wax	la cera para el piso
fold (the laundry)	doblar la ropa
furniture polish	la cera para muebles
garbage	la basura
garbage can	el cubo de la basura, el zafacón
housework	el trabajo doméstico, los quehaceres, las tareas domésticas
I detest housework.	*Detesto los quehaceres de la casa.*

iron	planchar
make the bed	hacer la cama
mess	el desorden
mop	fregar el suelo, pasar la fregona
I mop the kitchen floor.	*Limpio el piso de la cocina.*
mop	la fregona, el trapeador
press clothes	planchar la ropa
put in order	ordenar
set the table	poner la mesa
clear the table	*quitar la mesa*
soap	el jabón
sponge	la esponja
sweep	barrer
tidy up	arreglar, recoger
I am going to tidy up my room.	*Voy a arreglar mi habitación.*
trash	la basura
take out the trash	*sacar la basura*
vacuum	pasar la aspiradora
Who is going to vacuum?	*¿Quién va a pasar la aspiradora?*
wash	fregar, lavar
I don't want to do the dishes.	*No quiero fregar los platos.*
wax	encerar
wax	la cera

Food Preparation

La preparación de los alimentos

afternoon snack	la merienda
bake	hornear
barbecue	asar a la parrilla, asar a la brasa
barbecue	la barbacoa
barbecued	a la brasa; el churrasco
Churrasco is a typical dish in Argentina.	*El churrasco es un plato típico de Argentina.*
boil	hervir
breakfast	el desayuno

broil	**asar**
brown	**dorar**
dine	**cenar**
dinner	**la cena, la comida**
entrée	**la entrada, el primer plato**
fry	**freír**
scrambled eggs and fried eggs	*los huevos revueltos y los huevos fritos*
have breakfast	**desayunar**
lunch	**almorzar**
lunch	**la comida, el almuerzo**
omelet	**la tortilla (de huevo), la tortilla francesa**
potato omelet	*la tortilla de patata*
recipe	**la receta**
sauté	**saltear, sofreír**
sautéed vegetables	*los vegetales salteados*
supper	**la cena**

Activities and Routines — Los hábitos y la rutina

activity	**el hábito**
change clothes	**cambiarse de ropas**
chat	**charlar**
I love chatting with my friends.	*Me encanta charlar con mis amigos.*
do homework	**hacer la tarea**
dream	**soñar**
daydream	*soñar despierto*
dress	**vestirse**
exercise	**hacer ejercicio**
fall asleep	**dormirse**
feed the cat	**dar de comer al gato**
get up	**levantarse**
go home	**regresar a casa**
go to bed	**acostarse**
go to school	**ir a la escuela**
go to the gym	**ir al gimnasio**

go to work	**ir al trabajo**
have a coffee	**tomar un café**
have a snack	**merendar**
hurry	**darse prisa**
Hurry up!	*¡Date prisa!*
listen to music	**escuchar música**
make phone calls	**telefonear, hacer llamadas telefónicas**
read e-mail messages	**leer los mensajes electrónicos**
rest	**descansar, reposar**
sleep	**dormir**
take the bus, subway	**tomar el bus, el metro**
undress	**desvestirse, desnudarse, quitarse la ropa**
wake up	**despertarse**
walk	**caminar, ir a pie**
walk the dog	**sacar al perro**
watch the news	**mirar el noticiero**
water the plants	**regar las plantas**

7

Work and the Business World

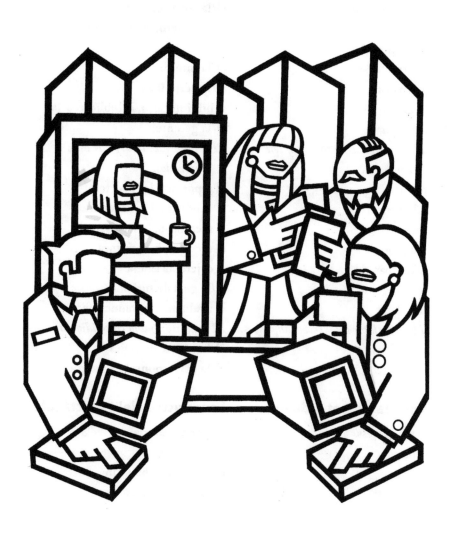

Occupational Fields and Training

Banking, Commerce, and Industry

accountant	el/la contable; el contador, la contadora; el tenedor, la tenedora de libros
architect	el arquitecto, la arquitecta
The architect has many projects.	*La arquitecta tiene muchos proyectos.*
banker	el banquero, la banquera
correspondent	el/la corresponsal
engineer	el ingeniero, la ingeniera
insurance agent	el/la agente de seguros
interpreter	el/la intérprete
journalist	el/la periodista
librarian	el bibliotecario, la bibliotecaria
manager	el/la gerente
The manager is in charge of ten employees.	*El gerente está a cargo de diez empleados.*
reporter	el reportero, la reportera
salesperson	el vendedor, la vendedora
secretary	el secretario, la secretaria
sculptor	el escultor, la escultora
teller (bank)	el cajero, la cajera
tourist guide	el/la guía de turismo
translator	el traductor, la traductora
The translator speaks five languages.	*El traductor habla cinco idiomas.*
travel agent	el/la agente de viajes
war correspondent	el/la corresponsal de guerra

Entertainment Industry · La industria del espectáculo

actor, actress	el actor, la actriz
artist	el/la artista
dancer	el bailarín, la bailarina
cartoonist	el/la caricaturista

comedian	**el comediante, el actor cómico**
comedienne	**la comediante, la actriz cómica**
composer	**el compositor, la compositora**
conductor	**el director, la directora de orquesta**
musician	**el músico, la música**
painter	**el pintor, la pintora**
playwright	**el dramaturgo, la dramaturga**
poet	**el/la poeta; la poetisa**
sculptor	**el escultor, la escultora**
singer	**el/la cantante**
songwriter	**el compositor, la compositora de canciones**
writer	**el escritor, la escritora**

Health   La salud

anesthesiologist	**el/la anestesista**
dental surgeon	**el odontólogo/la odontóloga**
dental technician	**el mecánico dentista, la mecánica dentista**
dentist	**el/la dentista**
medical doctor	**el médico, la médica; el doctor, la doctora**
The doctor has many patients.	***La médica tiene muchos pacientes.***
nurse	**el enfermero, la enfermera**
orthopedist	**el ortopédico, la ortopédica**
pharmacist	**el farmacéutico, la farmacéutica**
psychiatrist	**el/la siquiatra**
psychologist	**el sicólogo/la sicóloga**
surgeon	**el cirujano, la cirujana**
therapist	**el/la terapeuta**
x-ray technician	**el técnico, la técnica de radiografía**

Trades   Los oficios

baker	**el panadero, la panadera**
butcher	**el carnicero, la carnicera**

carpenter	el carpintero, la carpintera
chef	el/la chef
construction worker	el/la albañil
cook	el cocinero, la cocinera
driver	el/la chofer; el/la chófer
electrician	el/la electricista
gardener	el jardinero, la jardinera
hairdresser	el peluquero, la peluquera
jeweler	el joyero, la joyera
The jeweler fixed my watch.	*La joyera arregló mi reloj.*
mechanic	el mecánico, la mecánica
painter	el pintor, la pintora
photographer	el fotógrafo, la fotógrafa
plumber	el fontanero, la fontanera; el plomero, la plomera

 Must-Know Tip

Be sure to use **el fontanero, la fontanera** in Spain.

The plumber fixes the pipe. **El fontanero arregla la cañería.**

server	el camarero, la camarera
shoemaker	el zapatero, la zapatera
tailor	el/la sastre
I took my suit to the tailor.	*Llevé mi traje al sastre.*
waiter, waitress	el camarero, la camarera
watchmaker	el relojero, la relojera

Career Training ## La formación profesional

apprentice	el aprendiz, la aprendiza
field of work	el campo de trabajo
internship	el internado
occupation	el oficio, la ocupación, el empleo

practice	**practicar**
practice	**la práctica**
specialization	**la especialización**
trade	**el oficio, la ocupación**
train	**entrenar, capacitar**
She is training to be a detective.	***Ella está entrenándose para ser detective.***
training	**la formación, la capacitación, el entrenamiento**
worker	**el obrero, la obrera; el trabajador, la trabajadora**
workshop	**el taller; el taller de aprendizaje**

Workplaces, Tools, and Equipment

The Office	**En la oficina**
ballpoint pen	**el bolígrafo**
computer	**la computadora, el ordenador**

 Must-Know Tip

Be sure to use **el ordenador** in Spain. In all other Spanish-speaking countries use **el computador** or **la computadora**.

desk	**el escritorio**
envelope	**el sobre**
the envelope with a return address	***el sobre con el remitente***
fax machine	**el fax**
file	**el archivo, la carpeta**
filing cabinet	**el archivador**
The filing cabinet is full of documents.	***El archivador está lleno de documentos.***
highlighter	**el rotulador**

ink cartridge	**el cartucho de tinta**
intercom	**el interfono, el intercomunicador**
office	**la oficina, el despacho**
paper	**el papel**
recycled paper	***papel reciclado***
photocopier	**la fotocopiadora**
The photocopier is down again.	***La fotocopiadora está fuera de servicio otra vez.***
printer	**la impresora**
Scotch tape	**la cinta adhesiva**
typewriter	**la máquina de escribir**
He still uses a typewriter.	***Él todavía usa una máquina de escribir.***
wastebasket	**la papelera**
word processor	**el procesador de textos**

At the Bank ## En el banco

account	**la cuenta**
account balance	**el saldo**
accrue interest	**acumular interés**
automatic teller machine (ATM)	**el cajero automático**
branch	**la sucursal**
The bank opened a new branch.	***El banco inauguró una nueva sucursal.***
checking account	**la cuenta corriente**
counter	**el mostrador**
deposit	**depositar dinero**
deposit	**el depósito**
deposit slip	**el formulario de depósito**
exchange (currency)	**cambiar (dinero)**
fill out	**rellenar**
loan	**el préstamo**
loan application	**una solicitud de préstamo**
loan officer	**el/la agente de hipotecas**

money transfer	**el giro de fondos**
overdrawn	**sobregirado/a**
password	**el código de seguridad**
I forgot my pin number.	*Olvidé el código de seguridad.*
rate of exchange	**el cambio**
safe	**la caja fuerte**
save money	**ahorrar**
savings account	**la cuenta de ahorros**
savings and loan association	**la sociedad de crédito hipotecario, la caja de ahorros**
statement	**el estado de cuentas**
vault	**la bóveda**
window	**la ventanilla**
withdraw money	**sacar dinero**

Working Conditions

## Looking for a Job	## En busca de empleo
agenda	**el orden del día, la agenda**
apply for a job	**solicitar empleo**
appoint	**nombrar**
appointment (to a job)	**el nombramiento**
appointment (meeting)	**la cita**
candidate	**el candidato, la candidata**
company	**la empresa**
I work for a real estate company.	*Trabajo para una empresa de bienes raíces.*
contract	**el contrato**
CV	**el currículum vitae**
data	**los datos**
earn	**ganar**
employee	**el empleado, la empleada**
employer	**el patrón, la patrona**
employment section	**la sección de empleos**

experience	la experiencia
Two years of experience required.	*Se necesitan dos años de experiencia.*
hire	emplear, dar empleo
You are hired.	*Queda contratado/a.*
interview	la entrevista
job	el empleo, el trabajo
job application	la solicitud de empleo, la planilla
She is filling out a job application.	*Ella rellena la solicitud de empleo.*
job fair	la bolsa de trabajo
job offer	la oferta de empleo
look for a job	buscar empleo, trabajo
opening	un puesto de trabajo
personnel	el personal
references	la carta de recomendación
sector	el sector
vacancy	la plaza vacante
There is a vacancy in our office.	*Hay una plaza vacante en nuestra oficina.*

Labor-Management Relations

Las relaciones entre el trabajador y la empresa

agreement	el acuerdo
association	la asociación
boss	el patrón, la patrona
boycott	boicotear
boycott	el boicot
compromise	el acuerdo
demand	la reclamación
demands for a pay raise	*la reclamación de la subida de sueldos*
dismissal, layoff	el despido
fire (from a job)	despedir a alguien (de un empleo)
You're fired!	*¡Queda Ud. despedido/a!*
labor dispute	el conflicto laboral
lockout	el cierre patronal
mediator	el mediador, la mediadora

negotiate	**negociar**
negotiation	**la negociación**
protest	**manifestarse**
protest	**la manifestación**
solution	**la solución**
strike	**la huelga**
The musicians are on strike.	*Los músicos están en huelga.*
striker	**el/la huelguista**
union	**el sindicato**
walk out	**ir a la huelga**

Rights, Compensation, and Benefits

Los derechos, la compensación y las subvenciones

advance	**el anticipo**
daily wage	**el jornal**
days off	**días libres, (de) franco**
bonus	**la bonificación**
end-of-the-year bonus	**la paga extraordinaria**
holiday	**el día feriado**
minimum wage	**el salario básico**
pay raise	**el aumento de sueldo**
payday	**el día de pago**
payroll	**la nómina**
pension	**la jubilación, la pensión, el retiro**
promotion	**el ascenso**
quit	**dimitir, renunciar**
resignation	**la dimisión, la renuncia**
retirement	**la jubilación**
shift	**el turno de trabajo**
sick leave	**la baja por enfermedad**
Social Security	**la Seguridad Social**
unemployed	**el parado, la parada**
I am unemployed.	*Estoy en paro.*
unemployment	**el paro**

unemployment benefits	el subsidio de desempleo, el subsidio de paro
unemployment insurance	el seguro de desempleo
vacation	las vacaciones
wages	el salario, el sueldo
work	el trabajo

Finance, Business, and the Economy

Finance — Las finanzas

assets	los bienes, el capital
audit	la auditoría
collateral	la garantía
credit	el activo, el crédito
currency	la moneda
debt	la deuda
entrepreneur	el empresario, la empresaria
gain	la ganancia, la utilidad
interest rate	la tasa de interés
investment	la inversión
interest	el interés
investor	el/la inversionista
loss	la pérdida
quote	el precio
share	la acción de valor
shareholder	el/la accionista
speculator	el especulador, la especuladora
stock exchange; stock market	la bolsa de valores
takeover	la adquisición
upward move	la subida, la tendencia alcista

Business — El comercio

auction	la subasta
bankruptcy	la bancarrota

bill	**la factura**
budget	**el presupuesto**
cash	**el dinero en efectivo**
I do not have cash.	*No tengo dinero en efectivo.*
chamber of commerce	**la cámara de comercio**
corporation	**la sociedad anónima**
insurance company	**la aseguradora**
invoice	**la factura**
liability	**la responsabilidad legal**
liquidate	**liquidar**
loan	**el préstamo**
nonprofit	**sin fines de lucros, ONG (Organización No Gubernamental)**
She works for a nonprofit organization.	*Trabaja para una organización sin fines de lucro.*
partner	**el socio, la socia**
profit	**la ganancia**
sales tax	**el impuesto sobre las ventas**
tax	**el impuesto**
trade	**el comercio**
trader	**el/la comerciante**

The Economy

La Economía

deflation	**la deflación**
downward move	**la bajada**
balance of trade	**la balanza del comercio**
cost of living	**el costo de la vida**
economic recovery	**la recuperación económica**
inflation	**la inflación**
Prices rise with inflation.	*Los precios suben con la inflación.*
recession	**la recesión**
supply and demand	**la oferta y la demanda**
underground economy	**la economía sumergida**

8

Leisure Time

Free Time, Fun, and Entertainment

amuse oneself	**entretenerse**
amusing	**entretenido/a**
be fun	**ser divertido/a**
What fun!	*¡Qué divertido!*
computer games	**los juegos de computadora**
date	**salir con un chico, una chica; salir con un amigo, una amiga**
distraction	**la distracción**
doll	**la muñeca**
entertain	**divertir, entretener; recibir visitas**
I entertain frequently.	*Recibo a mis amigos a menudo.*
entertainment	**el entretenimiento, la diversión**
have fun	**divertirse**
hum	**canturrear**
joke	**la broma, el chiste**
tell jokes	*contar chistes*
free time	**el tiempo libre**
fun	**la diversión**
go out	**salir, pasear, salir a pasear**
go out to have a good time	**divertirse, pasarlo bien**
Let's go out and have a good time.	*Vamos a salir y a divertirnos.*
laugh	**reír, reírse**
I laugh at you.	*Me río de ti.*
laughter	**la risa**
leisure	**el ocio**
at your leisure	*cuando te convenga*
play	**jugar**
play a joke	**hacer una broma**
relax	**relajarse, descansar**
toy	**el juguete**

The Arts

Music

amplifier	el amplificador
auditorium	el auditorio, el auditorium
chamber music	la música de cámara
choir, chorus	el coro
concert	el concierto
classical concert	*el concierto de música clásica*
concert hall	la sala de concierto
country music	la música country
gala	la gala
group	el conjunto
I like this group's music.	*Me gusta la música de este grupo.*
microphone	el micrófono
musical comedy	la comedia musical
opera	la ópera
orchestra	la orquesta
recital	el recital
recording	la grabación
rhythm	el ritmo
sing	cantar
song	la canción
symphony	la sinfonía
voice	la voz

La música

Musical Instruments

accordion	el acordeón
castanets	las castañuelas
cello	el violonchelo
clarinet	el clarinete
drum	el tambor
drums	la batería

Los instrumentos musicales

electric guitar	**la guitarra eléctrica**
flute	**la flauta**
guitar	**la guitarra**
harp	**el arpa**
organ	**el órgano**
piano	**el piano**
play	**tocar un instrumento**

 Must-Know Tip

Remember *to play* translates both **tocar** and **jugar a.**

I play the violin.	***Toco el violín.***
I play tennis.	***Juego al tenis.***

saxophone	**el saxofón**
trumpet	**la trompeta**
violin	**el violín**

Dance / La danza

ballet	**el ballet**
dance	**bailar**
dance	**el baile, la danza**
go to a dance	***salir a bailar, ir a un baile***
discotheque	**la discoteca**
flamenco	**el flamenco**
I love flamenco music.	***Me encanta el flamenco.***
jazz	**el jazz**
modern dance	**la danza moderna**
pop music	**la música pop**
rap music	**la música rap**
reggae music	**el reggae**
rock	**el rock**
tango	**el tango**

Cinema and Theater

act	actuar
act	la actuación
applaud, clap	aplaudir
applause	el aplauso
audience	el público, la audiencia
award	el premio
box office	la taquilla
box (theater seating)	el palco
cinema	el cine
climax	el clímax
curtain	el telón
documentary	el documental
drama	el drama, la obra dramática
dramatic	dramático/a
dubbed	doblado/a
a dubbed foreign movie	*una película extranjera doblada*
DVD	el DVD
DVD player	el lector de DVD
ending	el final
exciting	emocionante
film	filmar
film	el film, la película
flop	el fracaso
His movie is a flop.	*Su película es un fracaso.*
funny	chistoso/a, cómico/a
hiss	silbar, pitar
The audience hissed the group.	*El público le pitó al grupo.*
movie	la película, el film
movie star	la estrella de cine
movies	el cine, la cinematografía
moving	conmovedor(a)
play	la obra de teatro, la pieza de teatro
one-act play	*la obra de un solo acto*
plot	el argumento, la trama

premiere	el estreno
rehearsal	el ensayo
rehearse	ensayar
role	el papel
scene	la escena
The scene is very moving.	*La escena es muy conmovedora.*
screen	la pantalla
script	el guión
seat	la butaca, el asiento
show	el espectáculo, la representación
stage	el escenario
subtitle	el subtítulo
Original version with subtitles.	*Versión original con subtítulos.*
success	el éxito
theater	el teatro
ticket	el billete, la entrada
tragic	trágico/a
a tragic ending	*un final trágico*
usher	el acomodador, la acomodadora
video recorder	la video casetera
videocassette	el video, el vídeo, la videocinta

Visual Arts

Las artes plásticas

| art | el arte |
| art gallery | la galería de arte |

🕊️ Must-Know Tip

Be sure to use **el arte** for the singular and **las artes** to indicate the plural.

| *abstract art* | **el arte abstracto** |
| *visual arts* | **las artes plásticas** |

| baroque | barroco |
| *the baroque period* | *la época barroca* |

classical	clásico
classicism	el clasicismo
contemporary	contemporáneo/a
cubism	el cubismo
exhibit	exponer
exhibit	la exposición
expressionism	el expresionismo
Gothic	gótico/a
graphic arts	las artes gráficas
impressionism	el impresionismo
masterpiece	la obra de arte
museum	el museo
The works of art in the Prado Museum are priceless.	*Las obras de arte del Museo del Prado tienen un valor incalculable.*
realism	el realismo
style	el estilo
surrealism	el surrealismo
I love surrealist art.	*Me encanta el arte surrealista.*
visual arts	las artes plásticas

Architecture

La arquitectura

arch	el arco
beam	la viga
cathedral	la catedral
Gothic cathedral	*la catedral gótica*
column	la columna
dome	la cúpula
façade	la fachada
tower	la torre

Painting

La pintura

brush	el pincel
canvas	el lienzo
caricature	la caricatura
comic strip	el cómic, el tebeo

Comic strips are not just for children.	*Los cómics no son sólo para niños.*
draw	**dibujar**
drawing	**el dibujo**
frame	**el marco**
landscape	**el paisaje**
paint	**pintar**
painting	**el cuadro, la pintura**
oil painting	*el óleo, la pintura al óleo*
palette	**la paleta**
picture	**el cuadro**
portrait	**el retrato**
the royal family portraits	*los retratos de la familia real*
sketch	**el boceto**
studio	**el taller**
watercolor	**la acuarela**

Sculpture and Ceramics / La escultura y la cerámica

bronze	**el bronce**
bust	**el busto**
clay	**la arcilla, el barro**
marble	**el mármol**
the marble statue	*la estatua de mármol*
model	**el/la modelo**
pottery	**la alfarería, la cerámica**
print	**grabar**
print	**el grabado**
sculpt	**esculpir**
shape	**la forma**
statue	**la estatua**
wood carving	**la talla de madera**

Hobbies

activity	**la actividad**
board (checker)	**el tablero**

board games	los juegos de tablero
cards	la baraja, las cartas, los naipes
I play cards.	*Juego a la baraja.*
checkers	las damas
chess	el ajedrez
collect	coleccionar
collection	la colección
I have a collection of old stamps.	*Tengo una colección de estampillas viejas.*
cooking	la cocina
crochet	hacer crochet
crossword puzzle	el crucigrama
digital camera	la cámara digital
food	la gastronomía
game	el juego
hobby	la afición, el hobby, el pasatiempo
knit	tejer
photography	la fotografía
wine tasting	la degustación (de vinos)
I love wine tasting tours.	*Me encantan los viajes de degustación de vinos.*

Reading

Literature

La literatura

adventure novel	la novela de aventuras
author	el autor, la autora
autobiography	la autobiografía
biography	la biografía
children's literature	la literatura infantil
detective novel	la novela policíaca
fable	la fábula
fairy tale	el cuento de hadas
fantastic	fantástico/a

fiction	**la ficción**
historical novel	**la novela histórica**
horror novel	**la novela de horror**
illustration	**la ilustración**
lecture	**la conferencia**
a literary lecture	*una conferencia literaria*
lecturer	**el/la conferencista**
legend	**la leyenda**
literary movement	**el movimiento literario**
literary work	**la obra literaria**
novel	**la novela**
novelist	**el/la novelista**
paperback	**la edición de bolsillo**
poem	**el poema**
poetry	**la poesía**
rhyme	**la rima**
science-fiction novel	**la novela de ciencia ficción**
short story	**el cuento**
stanza	**la estrofa**
teenage fiction	**la literatura juvenil**
work (of art, book)	**la obra**

Newspapers and Magazines · Los periódicos y las revistas

ad	**el anuncio**
article	**el artículo**
column	**la columna**
crossword puzzle	**el crucigrama**
editor	**el editor, la editora; el redactor, la redactora**
front page	**la primera página, la portada**
It came out on the front page!	*¡Salió en la primera página!*
headline	**el titular**
I always read the headlines.	*Siempre leo los titulares.*
magazine	**la revista**
weekly magazine	*la revista semanal*

media	**los medios de comunicación**
newspaper	**el periódico**
press	**la prensa**
press conference	**la rueda de prensa**
publish	**publicar**
read	**leer**
reader	**el lector, la lectora**
subscribe	**suscribirse**
subscription	**el abono, la suscripción**

Newspaper and Magazine Sections

Las secciones de los periódicos y revistas

Announcements	**Anuncios**
Bullfights	**Toros**
Business Section	**Finanzas, Negocios**
Classifieds	**Anuncios Clasificados**
Editorial	**Editorial, Opinión**
Education	**Formación**
Entertainment	**Espectáculos, Ocio**
Finance	**Finanzas**
Food and Drink	**Gastronomía**
Health	**Salud**
Horoscope	**Horóscopo**
International News	**Noticias Internacionales**
Lottery, Lotto	**Lotería**
Movies	**Cartelera**
National News	**Noticias Nacionales**
Obituaries	**Esquelas, Necrológicas, Obituarios**
Real Estate	**Inmobiliario**
Section	**La Sección**
Sports Section	**Deportes**
Travel	**Viajes**
TV Guide	**Programación TV**
Weather	**Tiempo**
Wine	**Vinos**

Television and Radio

anchorperson	**el presentador, la presentadora**
announcer	**el presentador, la presentadora**
antenna	**la antena**
broadcast	**emitir**
broadcast	**la difusión**
live broadcast	*en directo*
cable TV	**la televisión por cable**
cartoon	**el dibujo animado, el cartoon**
channel	**el canal**
character	**el personaje**
comedy	**la comedia**
commercial	**el anuncio comercial**
I don't like commercials.	*No me gustan los anuncios comerciales.*
documentary	**el documental**
episode	**el episodio**
feature movie	**el largometraje**
Internet station	**la estación en la Internet**
junk TV	**la telebasura**
listen	**escuchar**
moderator	**el animador, la animadora**
news	**las noticias, el noticiero**
breaking news	*la noticia de última hora*
news break	**el boletín de noticias**
They are announcing a news break.	*Están anunciando una noticia de última hora.*
pre-recorded program	**en diferido**
This football game is pre-recorded.	*Este partido de fútbol es en diferido.*
program	**el programa**

Must-Know Tip

Remember the following masculine nouns end in **-a**:

program	***el programa***
I like funny programs.	***Me gustan los programas cómicos.***
drama	***el drama***
I prefer drama.	***Prefiero el drama.***
poem	***el poema***
She writes a poem.	***Ella escribe un poema.***

program host, hostess	**el anfitrión, la anfitriona**
public station	**el canal (de televisión, de radio) público, la emisora pública**
radio	**la radio**
radio listener	**el/la radioescucha; el/la radioyente**
radio station	**la emisora, la estación de radio**
remote control	**el mando a distancia, el control remoto**
report	**el reportaje**
satellite signal	**la señal satelital**
satellite TV	**la televisión satelital**
short (film)	**el cortometraje**
shortwave radio	**la radio de onda corta**
show	**el espectáculo**
soap opera	**la telenovela**
suspense movie	**la película de suspense**
television program	**el programa de televisión**
television station	**la emisora**
TV news program	**las noticias, el noticiero**
TV series	**la serie televisada**
TV set	**el televisor, la televisión, la tele, la TV**

the TV star	*la estrella de la televisión*
TV viewer	el/la televidente, el telespectador, la telespectadora
video recorder	la video casetera
videocassette	el video, el vídeo, la videocinta
weather report	el reporte del tiempo, el boletín del tiempo

Physical Activity and Equipment

Exercise

El ejercicio

aerobics	el aeróbic
bike	ir en bicicleta
bike, bicycle	la bici, la bicicleta
endurance	la resistencia
exercise	hacer ejercicio
exercise	el ejercicio
fitness	la buena forma
gym	el gimnasio
gymnastics	la gimnasia
hiker	el/la senderista
hiking	el senderismo
horseback riding	la equitación
jog	hacer footing, hacer jogging
jogging	el jogging, el footing
Jogging is very healthy.	*El jogging es muy saludable.*
jogging suit	el chándal
mountain climbing	el alpinismo
pool	la piscina, la alberca
roller skate	el patín de ruedas
rollerblade	patinar (con patines de ruedas en línea)
rollerblade	el patín de ruedas en línea
run	correr

running	el jogging, el footing
skate, roller-skate	patinar (con patines de ruedas)
skateboard	el monopatín
skating rink	la pista de patinaje
sneakers	las zapatillas de deporte
walk	la caminata
walking	caminar

Sports

Los deportes

achievement	el logro
athlete	el/la atleta
athletic	atlético/a
athletics	el atletismo
automobile race	la carrera automovilística
biking	el ciclismo
bowl	jugar a los bolos
bowling alley	la bolera
champion	el campeón, la campeona
championship	el campeonato
I won the national championship.	*Gané el campeonato nacional.*
club	el club, el equipo
competition	la competencia, la competición
cup	la copa
finish line	la meta
golf	el golf
the golf course and the tennis court	*el campo de golf y la cancha de tenis*
gymnastics	la gimnasia
ice-skate	patinar sobre hielo
ice-skating	el patinaje sobre hielo
ice-skating rink	la pista de hielo
judo	el judo
karate	el kárate
lap	la vuelta, el circuito
lose	perder
marathon	el maratón

outdoor sports	**los deportes al aire libre**
play	**jugar**
Let's play ball.	***Vamos a jugar a la pelota.***
race	**competir**
race	**la carrera, el rally**
record	**el récord**
beat a record	***batir un récord***
ski	**esquiar**
ski	**el esquí**
tennis	**el tenis**
tennis player	**el/la tenista**
tournament	**el torneo**
track	**la pista de atletismo**
train	**entrenar, entrenarse**
Athletes train every day.	***Los atletas se entrenan todos los días.***
trainer	**el entrenador, la entrenadora**
weight lifting	**el culturismo, el fisioculturismo**
win	**ganar**
winner	**el ganador, la ganadora**

Team Sports / Los deportes en equipo

ball	**la pelota**
baseball	**el béisbol; el juego de pelota**
basketball	**el básquetbol**
bat	**batear**
bat	**el bate**
field	**el campo; la cancha**
football (American)	**el fútbol americano**
foul	**la falta, el nulo**
gear	**el equipo**
glove	**el guante**
goal	**el gol, la portería**
goalkeeper, goalie	**el portero, la portera; el/la guardameta**

handball	**el balonmano**
hockey	**el hockey**
ice hockey	**el hockey sobre hielo**
jai alai	**el jai alai, la pelota vasca**
kick	**patear**
net	**la red**
player	**el jugador, la jugadora**
racket	**la raqueta**
rugby	**el rugby**
score	**marcar un punto**
scoreboard	**el indicador**
soccer	**el fútbol**
serve	**servir**
team	**el equipo**
throw	**lanzar, tirar**
tie	**empatar**
tied	**empatado/a**
tournament	**el torneo**
umpire	**el árbitro, la árbitra**
whistle	**silbar**
whistle	**el silbato**

At the Beach

En la playa

bathe (swim)	**bañarse**
beach robe	**la bata**
boat	**el bote, la lancha**
cabin	**la cabina**
canoe	**la canoa**
current	**la corriente**
dive	**zambullirse**
dive	**la zambullida**
diving	**el buceor**
fish, go fishing	**pescar**
fishing	**la pesca**

fishing pole	la caña de pescar
float	flotar
jet-ski	el jet ski
kayak	el kayac
lifeguard	el/la salvavidas
oar	el remo
ocean	el océano, el mar
row	remar
sailboat	el velero
sailing	la vela
sea	el mar
sunburn	la quemadura de sol
Sunburns damage your skin.	*Las quemaduras de sol dañan la piel.*
surf	hacer surfing
surfing	el surfing
swim	nadar
swimming	la natación
underwater diving	el submarinismo
water polo	el waterpolo, el polo acuático
water ski, go waterskiing	esquiar en el agua
water ski	el esquí acuático
wave	la ola
windsurf, go windsurfing	hacer windsurf

Camping

El camping

backpack	la mochila
barbecue	asar a la parrilla
barbecue	la barbacoa, la parrilla
I am going to light the barbecue.	*Voy a encender la barbacoa.*
battery	la pila
cabin	la cabaña
camp, go camping	acampar, hacer camping, salir de acampada
I like camping.	*Me gusta hacer camping.*

camp	**el campamento, el camping, la acampada**
camper	**el/la campista**
campfire	**la fogata**
campground	**el camping, la zona de acampada**
camping	**el camping**
candle	**la vela**
disposable razor	**la maquinilla de afeitar desechable**
fire	**el fuego**
hammock	**la hamaca**
inflatable bed	**la cama hinchable**
lamp	**la lámpara**
mobile home	**la casa móvil, la caravana**
mosquito net	**el mosquitero**
outdoors	**al aire libre**
sleep outdoors	***dormir al aire libre***
repellent	**el repelente**
sleeping bag	**el saco de dormir**
sunscreen lotion	**el bronceador con filtro solar**
suntan lotion	**el bronceador**
tent	**la tienda**
walking shoes	**los zapatos de caminar**
water bottle	**la cantimplora**

Going Out

Amusement Parks, Circuses, and Fairs / Los parques de diversiones, el circo y las ferias

acrobat	**el/la acróbata**
amusement park	**el parque de diversiones, la feria**
booth	**la caseta**
candy apple	**la manzana acaramelada**
clown	**el payaso, la payasa**

The clown has a sad face.	*El payaso tiene la cara triste.*
cotton candy	**el algodón de azúcar**
darts	**el juego de dardos**
fair	**la feria**
Ferris wheel	**la estrella, la noria**
fried dough	**el churro**
juggler	**el/la malabarista**
magic	**la magia**
magician	**el mago, la maga**
merry-go-round	**el carrusel, el tiovivo, los caballitos**
monkey	**el mono, la mona**
puppet	**el títere**
raffle	**la rifa**
ride	**el paseo**
rink	**la pista**
roller-coaster	**la montaña rusa**
slide	**el tobogán**
tamer	**el domador, la domadora**
lion tamer	*el domador de leones*
tent	**la carpa**
tightrope	**la cuerda floja**
trapeze artist	**el/la trapecista**
tumbler	**el/la saltimbanqui**

Eating Out

Los establecimientos de comidas y bebidas

bar	**el bar, la barra, la tasca**
beer	**la cerveza**
draught beer	*la cerveza de barril*
bill, check	**la cuenta**
Waiter, check please!	*¡Camarero, la cuenta por favor!*
Bon appétit!	**Buen provecho.**
cafeteria	**la cafetería**
cordial	**el licor**

dessert	**el postre**
dish	**el plato**
drink	**tomar, beber**
What will you have?	*¿Qué van a tomar?*
eating out	**comer fuera (de casa)**
entrée	**el primer plato**
food	**la comida**
French fried potatoes	**las papas fritas, las patatas fritas**
hors d'oeuvre	**el entremés, la tapa**
house specialty	**la especialidad de la casa**
ice cream	**el helado**
ice-cream parlor	**la heladería**
lemonade	**la limonada**
menu	**el menú, la carta**
order	**pedir**
portion	**la ración**
price	**el precio**
refreshment	**el refresco**
reservation	**la reserva**
restaurant	**el restaurante**
roast	**el asado**
roast chicken	**el pollo asado**
salad dressing	**el aliño, el aderezo**
salad	**la ensalada**
a tossed salad	*una ensalada mixta*
sandwich	**el sándwich, la bocata**
self-service	**el autoservicio**
serve	**servir**
server	**el camarero, la camarera**
side dish	**una ración, una porción**
special	**el menú del día**
specialty	**la especialidad**
The specialty of the house.	*La especialidad de la casa.*
spicy	**picante**

I love spicy food.	*Me gusta la comida picante.*
tapa	**la tapa**
tip	**dar la propina**
tip	**la propina**
waiter, waitress	**el camarero, la camarera**
water	**el agua**
mineral water	*el agua mineral*
wine	**el vino**
white, red, or rosé wine	*el vino blanco, tinto o rosado*

9

Getting Around

Transportation, Cars, and Traffic

Transportation	El transporte, los medios de transporte
bus	el autobús, el bus, el camión, el colectivo, la guagua
long-distance (inter-city) bus	*el autocar*

 Must-Know Tip

Throughout the Hispanic world different nouns are used to translate *bus*. Use **el colectivo** in most of South America, **el camión** in Mexico, and **la guagua** in the Caribbean.

bus depot	la estación de autobuses
bus stop	la parada de autobuses
coach	el autocar
ferry boat	el ferry, el transbordador
get on	subir
Let's get on the bus.	*Vamos a subir al autobús.*
get off	bajar, bajarse
helmet	el casco
mobile home, RV	la caravana
motorcycle	la motocicleta, la moto
ride a bike	montar en bicicleta
stop	parar
The bus stops here.	*El autobús para aquí.*
subway	el metro
subway station	la estación del metro
take (a train, bus)	tomar, coger

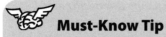
take the bus	**tomar el autobús, coger el autobús**
transportation	**el transporte**
means of transportation	*los medios de transporte*
public transportation	*el transporte público*
truck	**el camión**
van	**la camioneta**
vehicle	**el vehículo**

Cars

El auto

accelerate	**acelerar**
air conditioner	**el aire acondicionado**
auto (car)	**el auto, el automóvil, el coche, el carro**
automatic (drive)	**automático/a**
axle	**el eje**
battery	**la batería**
blinkers	**las luces intermitentes, las luces direccionales**
brake	**frenar**
brake	**el freno**
brake fluid	**el líquido de frenos**
buckle	**abrochar**
bumper	**el parachoques**
chassis	**el chasis, la carrocería**
clutch	**el embrague**
cylinder	**el cilindro**

I have a six-cylinder car.	***Tengo un auto de seis cilindros.***
dashboard	**el salpicadero; el tablero de mandos**
door	**la puerta**
engine	**el motor**
exhaust	**el tubo de escape**
fender	**el guardabarros; el parachoques**
gas	**la gasolina**
diesel gas	***el gasoil***
gas pedal	**el acelerador**
gas station	**la gasolinera**
gas tank	**el tanque de gasolina**
gas up	**poner gasolina, llenar**
gear	**la marcha, la velocidad**
I change gears.	***Cambio de velocidad.***
glove compartment	**el guantero, la guantera**
hand brake	**el freno de mano**
headlight, headlamp	**el faro, la luz larga**
hood	**el capó**
horn	**la bocina, el claxon**
ignition	**el encendido, la ignición**
instrument panel	**el tablero de mandos**
insurance	**el seguro**
license plate	**la matrícula**
lights	**las luces**
mechanic	**el mecánico, la mecánica**
mileage	**el kilometraje, el millaje**
mirror	**el espejo**
motor	**el motor**
motor oil	**el aceite de motor**
odometer	**el cuentakilómetros**
parts of a car	**las piezas del auto**
passenger	**el pasajero, la pasajera**
passenger seat	**el asiento del pasajero**

pedal	el pedal
pump	la bomba
radiator	el radiador
I put water in the radiator.	*Pongo agua en el radiador.*
rear-view mirror	el espejo retrovisor
reverse (go into)	dar marcha atrás
rim (of tire)	la llanta, la corona
seat	el asiento
seatbelt	el cinturón de seguridad
Buckle your seatbelt.	*Abróchate el cinturón.*
spare tire	el neumático, la goma, la llanta de recambio
spark plug	la bujía
speed	la velocidad
speedometer	el velocímetro
start	arrancar
I am going to start the car.	*Voy a arrancar el auto.*
steering wheel	el volante, el timón
tire	la llanta, el neumático
change a tire	*cambiar la llanta*
flat tire	*el pinchazo*
transmission	la transmisión
trunk	el maletero
valve	la válvula
window (car, bus)	la ventanilla
windshield	el parabrisas
windshield wiper(s)	el limpiaparabrisas

Traffic — El tráfico, la circulación

accident	el accidente, el choque
block (city)	la calle, la cuadra, la manzana
circle, roundabout	la rotonda
corner	la esquina
cross	atravesar, cruzar

crossing	**el cruce**
curve	**la curva**
detour	**la desviación, el desvío**
direct traffic	**dirigir el tráfico**
drive	**conducir, manejar**
driver	**el conductor, la conductora;**
	el/la chofer
fill	**llenar**
fill up the gas tank	***llenar el tanque de gasolina***
fine	**la multa**
highway	**la autopista**
hill	**la cuesta**
Go up the hill!	***¡Suba la cuesta!***
insurance	**el seguro**
lane	**el carril**
change lanes	***cambiar de carril***
license	**el carnet de conducir, la licencia**
	de conducir
map	**el mapa, el plano**
one-way street	**la calle de sentido único**
park	**aparcar, estacionar, parquear**
parking	**el aparcamiento, el**
	estacionamiento
pedestrian	**el peatón, la peatona**
pedestrian crossing	**el cruce de peatones**
right	**la derecha**
bear to the right	***toma la carretera de la derecha***
road	**la carretera**
on the road	***en la carretera***
run (buses, trains)	**circular**
run (car)	**marchar, funcionar**
run over	**atropellar, arrollar**
sidewalk	**la acera, la banqueta, el andén**
signal	**señalar**

signal	la señal
I respect the traffic signals.	*Yo respeto las señales.*
speed	exceder el límite de velocidad
speed	la velocidad
start (up)	arrancar
straight ahead	derecho
Go straight ahead.	*Siga derecho.*
street	la calle
toll (road, bridge)	el peaje
toll gate	el peaje
tow truck	la grúa
traffic	la circulación, el tránsito, el tráfico
traffic congestion	la congestión
traffic jam	el atasco, el tapón
traffic light	el semáforo
traffic policeman	el/la agente de tránsito
traffic sign	la señal de tráfico
turn	doblar
Turn right.	*Doble a la derecha.*
turnpike	la autopista de peaje
walk	andar, caminar
warning	el aviso
The traffic policeman gave me a warning.	*El agente de tráfico me dio un aviso.*
weave in and out	zigzaguear

Tourism and Travel

Tourism

El turismo

brochure	el folleto
excursion	la excursión
exotic	exótico/a
I like to visit exotic places.	*Me gusta visitar lugares exóticos.*
guide	el/la guía

guided tour	**la visita guiada**
hitchhiking	**el autostop**
package tour	**el viaje organizado**
season	**la temporada**
high season and low season	*la temporada alta y la temporada baja*
secluded	**apartado/a**
site	**el lugar**
a popular tourist site	*un lugar turístico popular*
tour	**el viaje largo**
tourism	**el turismo**
tourist	**el/la turista**
travel guide	**la guía turística**
vacation	**las vacaciones**
go on vacation	*ir de vacaciones*

Travel Preparations

Los preparativos para el viaje

agent	**el/la agente**
arrange	**preparar**
arrangement	**el preparativo, la preparación**
travel arrangements	*los preparativos para el viaje*
book (a flight, a room)	**hacer una reserva**
bound (for)	**destinado/a, con destino a**
northbound	*con rumbo norte*
fare	**el pasaje, la tarifa**
plan	**planear**
promotion	**la promoción**
rent a car	**alquilar un auto**
rental car agency	*la agencia de autos de alquiler*
reservation	**la reserva**
reserve	**hacer una reserva**
schedule	**programar**
schedule	**el horario**
ticket	**el billete, el boleto**
non-refundable ticket	*la tarifa de restricciones*

one-way ticket	*el billete de ida*
travel	**viajar**
travel agency	**la agencia de viajes**
travel agent	**el/la agente de viajes**
traveler	**el viajero, la viajera; el pasajero, la pasajera**
traveler's check	**el cheque de viajero**
trip	**el viaje**
business trip	*el viaje de negocios*

Traveling Abroad   El viaje al extranjero

abroad	**en el extranjero**
go abroad	*ir al extranjero*
border	**la frontera**
currency	**la moneda**
currency exchange office	**la oficina de cambio de moneda**
customs	**la aduana, el impuesto de aduana**
declare	**declarar**
I have nothing to declare.	*No tengo nada que declarar.*
duty	**el impuesto**
duty-free	**libre de impuestos**
exchange	**el cambio de moneda**
exchange rate	**la tasa de cambio**
immigration	**la inmigración**
immunization	**la inmunización**
passport	**el pasaporte**
tax	**el impuesto**
tourist card	**la tarjeta de turista**
visa	**la visa**

Air Travel   Los viajes aéreos

AT THE AIRPORT   **EN EL AEROPUERTO**

air traffic control	**el control de tráfico aéreo**
airport	**el aeropuerto**

arrival	la llegada
the arrival of the flight from Quito	*la llegada del vuelo de Quito*
availability (of seats)	la disponibilidad de plazas
available	disponible
Is there an aisle seat available?	*¿Hay un asiento disponible al lado del pasillo?*
baggage claim	la recogida de equipaje
baggage claim ticket	el talón de equipaje
behind schedule	con retraso
boarding pass	la tarjeta de embarque
cancellation	la cancelación
charge	el cargo, el precio
check in	facturar
checked	facturado/a
check-in desk	el mostrador de facturación
complaint	la reclamación
control tower	la torre de control
departure	la salida
direct flight	el vuelo directo
domestic flight	el vuelo nacional
escalator	la escalera mecánica
flight	el vuelo
nonstop flight	*el vuelo sin escala*
frequent flyer	el viajero, la viajera frecuente
full	lleno/a
a full flight	*un vuelo lleno*
gate	la puerta de embarque
international flight	el vuelo internacional
jet	el avión reactor, el motor reactor
land	aterrizar
landing	el aterrizaje
emergency landing	*el aterrizaje de emergencia*
load	cargar
They are loading the luggage.	*Están cargando el equipaje.*
luggage	el equipaje

hand luggage	el equipaje de mano
meal service	el servicio de comida
miss (a flight)	perder (el vuelo)
I missed my flight.	*Perdí el vuelo.*
on schedule	a la hora prevista
The flight is on schedule.	*El vuelo llega a la hora prevista.*
one-way ticket	el billete de ida
parking	el aparcamiento, el estacionamiento
passenger	el pasajero, la pasajera
round-trip ticket	el billete de ida y vuelta
security	la seguridad
security check	el control de seguridad
stand-by list	la lista de espera
stop over	hacer una escala
stopover	la escala
It makes a stopover in Buenos Aires.	*Hace una escala en Buenos Aires.*
suitcase	la maleta
take off	despegar
takeoff	el despegue
terminal	la terminal
ticket	el billete, el boleto
ticket agent	el/la agente
ticket counter	el mostrador (de facturación)
wheelchair	la silla de ruedas

ON THE PLANE — **EN EL AVIÓN**

air pressure	la presión del aire
aircraft	el avión
airsickness	el mareo
airsickness bag	la bolsa para el mareo
aisle	el pasillo
I prefer an aisle seat.	*Prefiero un asiento al lado del pasillo.*
altitude	la altura
beverage service	el servicio de bar

blanket	**la frazada, la manta, la friza**
business class	**la clase preferente**
cabin	**la cabina**
cockpit	**la cabina del piloto**
copilot	**el/la copiloto**
crew	**la tripulación**
on behalf of our crew	*en nombre de la tripulación*
economy class	**la clase turista**
emergency	**la emergencia**
in case of emergency	*en caso de una emergencia*
emergency exit	**la salida de emergencia**
exit	**la salida**
fasten	**abrocharse**
Fasten your seatbelts, please.	*Abróchense los cinturones, por favor.*
first class	**la primera clase**
fit	**caber**
The hand luggage must fit under the seat.	*El equipaje de mano debe caber debajo del asiento.*
flight attendant	**el/la asistente (auxiliar) de vuelo; la azafata**
flight deck	**la cabina de control**
flight time	**la duración del vuelo**
fly	**volar**
headset	**los auriculares**
Headsets are two dollars.	*Los auriculares cuestan dos dólares.*
lavatory	**el servicio, el retrete**
life jacket	**el chaleco salvavidas**
main cabin	**la cabina principal**
non-smoking section	**la sección de no fumar**
on board	**a bordo**
overhead compartment	**el compartimiento encima de la cabeza**
pilot	**el/la piloto**
pillow	**la almohada**

rear of the plane	**la parte trasera del avión**
row	**la fila**
seat	**el asiento**
seatbelt	**el cinturón de seguridad**
speed	**la velocidad**
tourist class	**la clase turista**
turbulence	**la turbulencia**
window	**la ventanilla**

Travel by Train

El viaje en tren

bar	**el coche-bar**
berth	**la litera**
cabin	**la cabina**
conductor	**el revisor, la revisora**
daytime train	**el tren diurno**
first class	**la primera clase**
high-speed train	**el tren de alta velocidad**
locomotive	**la locomotora**
night train	**el tren nocturno**
pass	**el pase**
platform	**el andén, la vía**
Our train leaves from this platform.	*Nuestro tren sale de este andén.*
restaurant	**el coche comedor**
The restaurant is open during dining hours only.	*El coche comedor está abierto durante los horarios de comidas solamente.*
schedule board	**el tablero**
rail	**el raíl**
by rail	*por tren*
railroad crossing	**el paso a nivel**
railroad track	**la vía del tren**
tourist class	**la segunda clase**
train	**el tren**
suburban train	*el tren de cercanías*
tunnel	**el túnel**

In English, make sure not to translate the Spanish word **tren** literally in these everyday expressions.

lavishly; at very high speed; in the fast lane	*a todo tren*
They live in the fast lane.	*Viven a todo tren.*
to be very attractive	*estar como un tren*
John is very good-looking.	*John está como un tren.*
the last chance	*el último tren*
This is my last chance.	*Este es mi último tren.*

Travel by Ship — El viaje en barco

boat	el barco
bow	la proa
bridge	el puente de mando
captain	el capitán
choppy	picado/a
The sea is choppy.	*El mar está picado.*
cruise	el crucero
deck	la cubierta
dock	atracar el barco
dock	el muelle
ferryboat	el ferry, el transbordador
float	flotar
harbor	la bahía
life preserver, life belt	el salvavidas
lifeboat	el bote salvavidas
ocean liner	el trasatlántico
overboard	por la borda
port	el puerto
river cruise	el crucero fluvial

rough seas	la marejada
sea	el mar
seaman	el marinero
seaport	el puerto marino
seasick	mareado/a
I am seasick.	*Estoy mareado.*
seasickness	el mareo
ship	el buque, el navío
stern	la popa
storm	la tormenta
tide	la marea
yacht	el yate

Accommodations and Hotels

Accommodations

El alojamiento

accommodate	alojar, dar alojamiento, albergar
amenities	los servicios
boardinghouse	la pensión
book (reserve)	reservar
camper (van)	la caravana
charge (fee)	el recargo
connectivity charge	*el recargo por la conexión telefónica*
disturb	molestar
The sign says: "Do not disturb."	*El letrero dice: "No moleste."*
efficiency	la habitación con cocina
facilities	los servicios
fire exit	la salida de fuego
guest	el/la huésped
inn	la posada, la hostería, la fonda
motel	el motel
star	la estrella
a three-star hotel	*un hotel de tres estrellas*

| tent | la tienda de campaña |
| youth hostel | el albergue juvenil |

Hotels

En el hotel

bellboy	el botones
check in	inscribirse
check out	abandonar el hotel, pagar
comfortable	cómodo/a
double room	la habitación doble
elevator	el ascensor, el elevador
first rate (judgment)	de primera categoría
freight elevator	el montacargas
laundry service	el servicio de lavandería
rate, price	el precio, la tarifa
Breakfast is included in the daily rate.	*El desayuno está incluido en la tarifa.*
reception desk	la recepción
room	la habitación
room and board	*la pensión completa*
room service	*el servicio a las habitaciones*
room with a view of the river	*una habitación con vista al río*
suite	la suite
vacant	disponible, libre
vacant room	*la habitación disponible*

10

Society and Government

Rights and Legal Status

birth certificate	**el certificado de nacimiento**
birthright	**el derecho de nacimiento**
citizen	**el ciudadano, la ciudadana**
citizenship (nationality)	**la nacionalidad, la ciudadanía**
Some people have dual citizenship.	***Algunas personas tienen dos ciudadanías.***
citizenship (responsibility)	**el civismo**
He shows good citizenship.	***Demuestra su civismo.***
cultural identity	**la identidad cultural**
deportation	**la deportación**
discrimination	**la discriminación**
dual nationality	**la doble nacionalidad**
exclusion	**la exclusión**
expulsion	**la expulsión**
foreigner	**el extranjero, la extranjera**
identification card	**el documento de identidad, la tarjeta de identidad**
immigrant	**el/la inmigrante**
illegal immigrant	***el indocumentado, la indocumentada***
immigration	**la inmigración**
integrate	**integrarse**
intolerance	**la intolerancia**
minority	**la minoría**
mother country	**la nación de origen, la patria**
naturalization	**la naturalización**
origin	**el origen**
overseas	**ultramar**
political asylum	**el asilo político**
prejudge	**prejuzgar**
prejudice	**el prejuicio**
preserve	**preservar**
preserve one's customs	***preservar las costumbres***

racism	el racismo
refugee	el refugiado, la refugiada
residence permit	el documento de residencia, el permiso de residencia
Illegal immigrants want to obtain a residence permit.	*Los indocumentados desean obtener el documento de residencia.*
right	el derecho
right of asylum	*el derecho de asilo*
society	la sociedad
tolerance	la tolerancia
work permit	el permiso de trabajo

Government and Politics

## Government	## El sistema de Gobierno
autocracy	la autocracia
bill	el proyecto de ley
Bill of Rights	la Declaración de los derechos humanos
capitalism	el capitalismo
confederation	la confederación
Congress	el Congreso de diputados, la Cámara baja
Congress debates new laws.	*El congreso debate los proyectos de ley.*
the Constitution	la Constitución
the Spanish Constitution	*la Constitución española*
democracy	la democracia
dictatorship	la dictadura
executive power	el poder ejecutivo
fatherland	la patria
federalism	el federalismo
govern	gobernar
government	el gobierno

impeach	**impugnar**
impeachment	**la impugnación**
introduce a law	**dictar una ley**
judicial power	**el poder judicial**
legislative power	**el poder legislativo**
legislature	**la Asamblea legislativa, las Cortes**
monarch	**el/la monarca**
monarchy	**la monarquía**
nation	**la nación**
national	**nacional**
National Assembly	*la Asamblea Nacional*
nationalism	**el nacionalismo**
pass a law	**aprobar una ley**
patriotism	**el patriotismo**
regime	**el régimen**
repeal a law	**derogar una ley**
republic	**la república**
Senate	**el Senado, la Cámara alta**
separation of powers	**la separación de poderes**
state	**el Estado**

Government Leaders

Los líderes del Gobierno

authorities	**las autoridades**
cabinet	**el consejo de ministros**
deputy	**el diputado, la diputada**
dictator	**el dictador, la dictadora**
governor	**el gobernador, la gobernadora**
head of government	**el/la jefe de Gobierno**
head of state	**el/la jefe de Estado**
The head of state in Spain is the king.	*El jefe de Estado español es el rey.*
leader	**el/la dirigente; el/la líder**
minister	**el ministro, la ministra**
the Prime Minister	*el Primer Ministro, la Primer Ministro*

president	**el/la presidente**
Secretary of State	**el secretario, la secretaria de Estado; el/la canciller; el ministro, la ministra de Asuntos Exteriores**
senator	**el senador, la senadora**
vice-president	**el/la vicepresidente**

Elections

Los comicios, las elecciones

abstain	**abstenerse**
ballot	**la boleta electoral, el voto**
spoiled ballot	***el voto nulo***
blank ballot	***el voto en blanco***
candidate	**el candidato, la candidata**
count	**el escrutinio (de los votos)**
elect	**elegir**
election	**los comicios, las elecciones**
call an election	***convocar a elecciones***
polling place	**el colegio electoral**
presidential	**presidencial**
presidential elections	***las elecciones presidenciales***
suffrage	**el sufragio**
universal suffrage	***el sufragio universal***
term	**el mandato**
vote	**votar**
vote	**el voto**
have the right to vote	***tener voz y voto***
voter	**el elector, la electora; el/la votante**
seventy percent of the voters	***el setenta por ciento de los votantes***
voting booth	**la cabina electoral**

Parties and Political Ideologies

Los partidos y las ideologías políticas

alliance	**la alianza**
Christian Democratic	**cristianodemócrata**

coalition	la coalición
communist	comunista; el/la comunista
conservative	conservador(a); el conservador, la conservadora
democratic	democrático/a
in the majority	mayoritario/a
in the minority	minoritario/a
independent	independiente; el/la independiente
the left	la izquierda
liberal	liberal; el/la liberal
the opposition	la oposición
party	el partido
politician	el político, la política
politics	la política
program	el programa
the right	la derecha
the extreme right	*la ultraderecha*
socialist	socialista; el/la socialista
The Socialist party won the election.	*El partido socialista ganó las elecciones.*

Civil Administration · La Administración pública

application	la solicitud
visa application	*la solicitud de visado*
apply	llenar la solicitud
bureaucracy	la burocracia
capital city	la capital
city hall	el ayuntamiento
civil servant	el funcionario, la funcionaria
county	el departamento, la demarcación
duty	la función
It is his duty to sign the documents.	*Su función es firmar los documentos.*
income tax	el impuesto sobre la renta
file income tax	*hacer la declaración del impuesto sobre la renta*

inspector	el inspector, la inspectora
mayor	el alcalde, la alcaldesa; el/la intendente municipal
public administration	la Administración pública
region	la región
tax	gravar, cargar con impuestos
tax; taxes	el impuesto, la tasa; los impuestos
income tax	*el impuesto sobre la renta*
property tax	*el impuesto sobre la propiedad, la tasación*
sales tax	*IVA, el impuesto sobre el valor añadido, el impuesto sobre el valor agregado*
tax collector	el recaudador, la recaudadora de impuestos
tax declaration	la declaración de la renta
tax evasion	el fraude a la Hacienda, la evasión de los impuestos
tax free	libre de impuestos
taxable	imponible
taxpayer	el/la contribuyente
town hall	el ayuntamiento
the Treasury	el fisco; el Ministerio de Hacienda

Law and Order

System of Justice

La Administración de justicia

accuse	acusar
acquit	absolver
I am acquitted of all charges.	*Me absuelven de todos los cargos.*
affidavit	el acta notarial
alleged	presunto/a
appeal	apelar
bailiff	el/la alguacil

be on trial	**ser juzgado/a, tener un juicio**
blame	**imputar**
break the law	**infringir la ley; violar la ley**
capital punishment	**la pena capital**
charge	**presentar cargos**
condemn	**condenar**
convict	**condenar, declarar culpable**
convict	**el convicto, la convicta**
court of law	**el juzgado, la corte**
appear before a court	*comparecer ante la justicia*
crime	**el crimen, el delito**
criminal court	**el juzgado, el tribunal, la corte**

 Must-Know Tip

Use **la corte** in South America and the Caribbean instead of **el juzgado** or **el tribunal.**

The alleged criminal is at the court. **El presunto criminal está en la corte.**

(in) custody pending trial	**la detención provisional**
child in custody	*el niño bajo custodia*
death penalty	**la pena de muerte**
The death penalty does not exist in Spain.	*La pena de muerte no existe en España.*
defense lawyer	**el abogado defensor, la abogada defensora**
DNA test	**la prueba de ADN**
equality	**la igualdad**
evidence	**la declaración**
fingerprints	**las huellas digitales**
freedom	**la libertad**
guilt	**la culpabilidad**
guilty	**culpable**

not guilty	*inocente*
He pleads not guilty.	*Se declara inocente.*
hearing	la audiencia
I have a hearing today.	*Tengo una audiencia hoy.*
illegal	ilegal; en contra de la ley
innocence	la inocencia
innocent	inocente
innocent until proven guilty	*inocente hasta ser declarado/a culpable*
jail	la cárcel
judge	el/la juez
judgment	la condena
jury	el jurado
justice system	el sistema jurídico
law	la ley
according to the law	*de derecho*
take the law into your own hands	*tomarse alguien la justicia por su propia mano*
legal	legal
liberty	la libertad
life imprisonment	la cadena perpetua
mistrial	el juicio nulo
notary	el notario, la notaria
oath	el juramento, la declaración jurada
parole	la libertad condicional
plead	declararse
sentence	fallar, sentenciar
sentence	el fallo, la sentencia
statement	el acta
The judge drafts a statement.	*El juez levanta un acta.*
prison	la prisión
prisoner	el prisionero, la prisionera
prosecutor	el fiscal
reformatory	el correccional de menores
respect the law	respetar la ley

self-defense	en legítima defensa
sentence	la condena
Supreme Court	el Tribunal Supremo de Justicia
suspended	sancionado/a
testify	declarar, prestar declaración
testimony	el testimonio
trial	el juicio
She is on trial for theft.	*Tiene un juicio por robo.*
tribunal	el tribunal
verdict	el veredicto
witness	el/la testigo
They are calling the witness for the defense.	*Llaman al testigo de la defensa.*
Your Honor	Su Señoría

Law Enforcement — El cumplimiento de la ley

commissioner	el comisario, la comisaria
cop (familiar)	el/la poli
detective	el/la detective
inspector	el inspector, la inspectora
investigate	investigar
investigation	la investigación
law officer	el/la agente de policía
police	la policía, el Cuerpo de policía
police officer	el/la agente de policía
police station	el puesto de policía, la comisaría, la estación de policía

Crime — El crimen

accomplice	el/la cómplice
arson	el incendio provocado
arsonist	el incendiario, la incendiaria
blackmail	hacer chantaje
blackmail	el chantaje
blackmailer	el/la chantajista

blame	**acusar, culpar**
break into	**allanar**
They broke into the store.	***Allanaron la tienda.***
burglar	**el ladrón, la ladrona**
burglarize	**robar, entrar a robar**
burglary	**el robo**
The police are investigating a burglary.	***La policía investiga un robo.***
charge with a crime	**inculpar**
cheat	**timar**
cheater	**el timador, la timadora**
criminal record	**el expediente**
drug traffic	**el tráfico de drogas**
embezzlement	**el desfalco**
false	**falso/a**
falsify	**falsificar**
felon	**el/la criminal**
forgery	**la falsificación**
fraud	**el fraude**
gangster	**el/la gángster**
harass	**acosar**
harassment	**el acoso**
Sexual harassment is against the law.	***El acoso sexual es ilegal.***
homicide	**el asesinato, el homicidio sin premeditación**
juvenile crime	**la delincuencia juvenil**
kidnap	**secuestrar**
kidnapper	**el secuestrador, la secuestradora**
kidnapping	**el secuestro**
kill	**asesinar, matar**
manslaughter	**el homicidio**
misdemeanor	**el delito, la falta**
murder in the first degree	**el asesinato con premeditación**
murderer	**el asesino, la asesina**
offender	**el/la delincuente**

a first offender	un delincuente sin antecedentes penales
pedophile	el pedófilo, la pedófila
petty thief	el ratero, la ratera
prowl around, spy on	acechar
prowler	el merodeador, la merodeadora
rape	violar
rape	la violación
rapist	el violador, la violadora
shoplifting	el hurto en una tienda
stalk	acechar
steal	robar
swindle	estafar, timar
swindle	la estafa
swindler	el estafador, la estafadora
thief	el ladrón, la ladrona
vandal	el vándalo, la vándala
vandalism	el vandalismo
victim	la víctima
white-collar crime	la infracción administrativa

International Politics

International Relations	Las relaciones internacionales
accord	el acuerdo, el pacto
agreement	el acuerdo
alliance	la alianza
ally	el aliado, la aliada
ambassador	el embajador, la embajadora
bilateral meetings	las reuniones bilaterales
coalition	la coalición
conference	la conferencia

conflict	**el conflicto**
confrontation	**la confrontación**
consul	**el/la cónsul**
consulate	**el consulado**
cooperate	**cooperar**
cooperation	**la cooperación**
crisis	**la crisis**
diplomacy	**la diplomacia**
diplomat	**el diplomático, la diplomática**
diplomatic	**diplomático/a**
Diplomatic efforts preserve peace.	***Los esfuerzos diplomáticos preservan la paz.***
diplomatic corps	**el cuerpo diplomático**
disagreement	**el desacuerdo, la discrepancia**
embargo	**el embargo**
embassy	**la embajada**
foreign policy	**la política exterior**
intervention	**la intervención**
meeting	**la reunión**
NATO	**la OTÁN (Organización del Tratado del Atlántico Norte)**
neutrality	**la neutralidad**
OAS	**la OEA (Organización de Estados Americanos)**
pact	**el pacto**
partnership	**la asociación**
power	**el poder**
pressure	**la presión**
quarrel	**la querella**
rapprochement	**el acercamiento**
reconciliation	**la reconciliación**
sanction	**la sanción**
The sanctions pressure the dictator.	***Las sanciones presionan al dictador.***
summit meeting	**la cumbre**

talk	**la conversación**
tension	**la tensión**
treaty	**el tratado**
understanding	**el acuerdo**
reach an understanding	*llegar a un acuerdo*
union	**la unión**
United Nations	**las Naciones Unidas**

War and Peace   La guerra y la paz

aggression	**la agresión**
armament	**el armamento**
arms	**las armas**
attack	**atacar**
attack	**el ataque**
capitulation	**la capitulación**
civil war	**la guerra civil**
There are several civil wars in the continent.	*Hay varias guerras civiles en el continente.*
concentration camp	**el campo de concentración**
conscientious objector	**el objetor, la objetora de conciencia**
declaration	**la declaración**
defeat	**la derrota**
defense	**la defensa**
deserter	**el desertor, la desertora**
disarmament	**el desarme**
enemy	**el enemigo, la enemiga**
evacuation	**la evacuación**
hostilities	**las hostilidades**
invasion	**la invasión**
lose	**perder**
pacifism	**el pacifismo**
pacifist	**el/la pacifista**
peace	**la paz**
resistance	**la resistencia**
state of emergency	**el estado de emergencia**

surrender	rendirse
surrender	la rendición
traitor	el traidor, la traidora
treason	la traición
ultimatum	el ultimátum
victory	la victoria
war	la guerra
war crime	el crimen de guerra
war criminal	el/la criminal de guerra
wound	herir
wounded	herido, herida; el herido, la herida

Military Force and Equipment — Las fuerzas armadas y el equipo militar

air strike	el bombardeo aéreo
aircraft carrier	el portaviones
armed forces	las fuerzas armadas
artillery	la artillería
bomb	la bomba
bombardment	el bombardeo
capture	capturar
capture	la captura
coalition forces	las fuerzas de la coalición
cruise missile	el misil
destroy	destruir
explode	estallar, explotar
fighter plane	el avión de caza
The pilot is ejecting from the fighter plane.	*El piloto salta del avión de caza.*
fire	disparar
come under fire	*situarse en la línea de combate*
Open fire!	*¡Abran fuego!*
grenade launcher	el lanzagranadas
gun	la pistola, el revólver
machine gun	la ametralladora, la metralleta

mine	la mina
minefield	el campo de minas
missile	el misil, el proyectil
nuclear strike	el ataque nuclear
range	el alcance
within the range of the artillery	*al alcance de la artillería*
ransack	saquear
rifle	el fusil
sabotage	el sabotaje
sack	saquear
shell	el obús
shooter	el tirador, la tiradora
sniper	el francotirador, la francotiradora
spy	el/la espía
submarine	el submarino
tank	el tanque

Military Personnel and Organizations

Los militares y las organizaciones militares

air force	las fuerzas aéreas
army	el ejército
battalion	el batallón
commander-in-chief	el/la jefe de las fuerzas armadas
conscript	el/la recluta
division	la división
general	el/la general
infantry	la infantería
marine	el/la soldado de la infantería naval
medical support	el equipo médico
military service	el servicio militar
militia	la milicia
navy	la marina
officer	el/la oficial
soldier	el/la soldado

| troops | la tropa |
| volunteer | el voluntario, la voluntaria |

Terrorism

El terrorismo

bomb	la bomba
car bomb	el coche-bomba
collapse	derrumbarse, desplomarse
crash	estrellar, estrellarse
crashed	estrellado/a
detonate a bomb	detonar una bomba
dismantle	desarticular
They dismantled a terrorist cell.	*Desarticularon una célula terrorista.*
explosive	el explosivo
fear	el miedo, el terror
fire	el fuego
firefighter	el bombero, la bombera
go off	estallar
A bomb has gone off.	*Estalló una bomba.*
guerrilla (group)	la guerrilla
gun down	abatir a balazos
hijacked plane	el avión secuestrado
hoax	engañar
hoax	la broma pesada
hostage	el/la rehén
lack of security	la falta de seguridad
letter bomb	la carta-bomba
panic	el pánico
rescue operation	la operación de rescate
search	ir en busca de, registrar
The police are searching for explosives.	*La policía va en busca de explosivos.*
search	la búsqueda, el cacheo, el registro
in search of	*en busca de*
security	la seguridad
suicide attack	el ataque suicida

suicide bomber	el hombre bomba, la mujer bomba
terrorist attack	el atentado terrorista
terrorist cell	la célula terrorista
terrorist network	la organización terrorista, la red terrorista
terrorized	aterrorizado/a
track down	seguir la pista
The authorities tracked down the terrorist.	*Las autoridades le siguieron la pista al terrorista.*
traumatic	traumático/a
Twin Towers	las Torres Gemelas
weapons of mass destruction	las armas de destrucción masiva

11

Nature and the Environment

Space and the Earth

Space

air	el aire
alien	el/la extraterrestre
astronaut	el/la astronauta
astronomy	la astronomía
atmosphere	la atmósfera
celestial body	el astro
comet	el cometa

El espacio

Must-Know Tip

Remember that these nouns end in **-a** but are masculine.

comet	*el cometa*
map	*el mapa*
planet	*el planeta*

constellation	la constelación
cosmic	cósmico/a
cosmonaut	el/la cosmonauta
cosmos	el cosmos
earth	el globo
eclipse	el eclipse
extraterrestrial	el/la extraterrestre
flying saucer	el platillo volador
galaxy	la galaxia
gravitate	gravitar
light year	el año luz
lunar	lunar
Let's watch the lunar eclipse.	*Vamos a observar el eclipse lunar.*
meteor	el meteoro

Milky Way	la Vía Láctea
moon	la luna
orbit	la órbita
oxygen	el oxígeno
planet	el planeta
rocket	el cohete espacial
rotation	la rotación
satellite	el satélite
Jupiter has many satellites.	*Júpiter tiene muchos satélites.*
sky	el cielo
solar system	el sistema solar
space	espacial; el espacio
space ship	la nave espacial
space station	la estación espacial
star	la estrella
falling star	*la estrella fugaz*
sun	el Sol
UFO (unidentified flying object)	el OVNI (el objeto volador no identificado)
universal	universal
universe	el universo
weightlessness	la ingravidez

Planets — Los planetas

Earth	la Tierra
Jupiter	Júpiter
Mars	Marte
Mercury	Mercurio
Neptune	Neptuno
Pluto	Plutón
Saturn	Saturno
Uranus	Urano
Venus	Venus

Earth

El planeta Tierra

LAND	**LA TIERRA**
altitude	la altitud
atlas	el atlas
basin	la cuenca
border	la frontera
cave	la gruta, la cueva
cliff	el acantilado
coast	la costa
coastal area	el litoral
continent	el continente
country	el país
crater	el cráter
The vulcanologist examines the crater of the volcano.	*La vulcanóloga examina el cráter del volcán.*
desert	el desierto
desolate	desértico/a
a desolate region	*una región desolada*
dune	la duna
forest	el bosque, la selva
the tropical forest	*la selva tropical*
gorge	el cañón, el desfiladero
hill	la colina
island	la isla
landscape	el paisaje
This landscape is very flat.	*Este paisaje es llano.*
mountain	la montaña
nature	la naturaleza
peak	la cima
peninsula	la península
Baja California is a peninsula.	*Baja California es una península.*
plain	el llano, la llanura
plateau	la meseta
ravine	el barranco

region	**la región**
relief, topography	**el relieve**
a mountainous topography	***un relieve montañoso***
rock	**la roca**
rocky	**rocoso/a**
sand	**la arena**
shore	**la orilla**
slope	**la pendiente**
surface	**la superficie**
terrain	**el terreno**
terrestrial	**terrestre**
valley	**el valle**
volcano	**el volcán**
vulcanologist	**el vulcanólogo, la vulcanóloga**
wooded	**arbolado/a**
woods	**el bosque**

WATER	**EL AGUA**
bank (of a stream)	**la ribera, la orilla**
the river bank	***la ribera***
bay	**la bahía**
beach	**la playa**
brook	**el arroyo**
canal	**el canal**
cascade	**la cascada**
channel	**el estrecho**
I am going to cross the English Channel.	***Voy a cruzar el Canal de la Mancha.***
current	**la corriente**
downstream	**río abajo**
The canoe is floating downstream.	***La canoa flota río abajo.***
glacier	**el glaciar**
gulf	**el golfo**
isthmus	**el istmo**
lake	**el lago**

maritime	**marítimo/a**
navigable	**navegable**
ocean	**el océano**
pond	**el estanque**
river	**el río**
river delta	**la desembocadura**
sea	**el mar, la mar**
source (of a stream)	**el nacimiento de un río**
spring	**el manantial**
tide	**la marea**
When the tide is low, we look for shells.	*Cuando la marea baja, buscamos caracoles.*
torrent	**el torrente**
tributary	**el afluente**
upstream	**río arriba**
waterfall	**la cascada**
wave	**la ola**

COORDINATES	**LAS COORDENADAS**
bearings	**la dirección, la orientación**
get one's bearings	*orientarse*
east	**el este**
eastern	**oriental**
latitude	**la latitud**
longitude	**la longitud**
meridian	**el meridiano**
north	**el norte**
northeast	**el nordeste, el noreste**
northern	**septentrional**
northwest	**el nordeste, el noroeste**
south	**el sur**
southeast	**el sudeste, el sureste**
southern	**meridional**
southwest	**el sudoeste, el suroeste**
west	**el oeste**
western	**occidental**

Weather and Seasons

Weather Conditions	Las condiciones climáticas, las condiciones atmosféricas
bad weather	el mal tiempo
breeze	la brisa
be breezy	hacer brisa
be cloudy	estar nublado

 Must-Know Tip

Remember to use a form of **estar** to express the following conditions:

It is cloudy.	*Está nublado.*
It is rainy.	*Está lluvioso.*

be cold	hacer frío
be cool	hacer fresco
be hot	hacer calor
be humid	haber humedad
Before the storm, it is humid.	*Antes de la tormenta, hace humedad.*
be nice (out)	hacer buen tiempo
be rainy	estar lluvioso
be sunny	estar soleado, hacer sol
be windy	hacer viento

 Must-Know Tip

Be sure to use the third-person singular form of **hacer** or **haber (hay)** followed by the weather condition you want to indicate.

It is cold.	*Hace frío. Hay frío.*
The weather is bad.	*Hace mal tiempo. Hay mal tiempo.*
It is hot.	*Hay calor.*

break	**aclarar**
Let's wait for a break in the weather.	***Vamos a esperar que aclare el tiempo.***
breeze	**la brisa**
clear	**despejado/a**
The sky is clear.	***El cielo está despejado.***
cloudy	**nublado/a**
cold	**el frío**
cold	**frío/a**
cool	**fresco/a**
downpour	**el aguacero, el chaparrón**
drizzle	**la llovizna**
dry	**seco/a**
fog	**la niebla, la neblina**
freeze	**helar**
frost	**la escarcha**
hail	**el granizo**
heat	**el calor**
ice	**el hielo**
A car can easily skid on ice.	***Un auto puede patinar fácilmente en el hielo.***
mild	**templado/a**
mild climate	***el clima templado***
mist	**la bruma, la neblina**
overcast	**nublado/a**
The sky is cloudy.	***El cielo está nublado.***
rain	**llover**
It looks like rain.	***Parece que va a llover.***
It's pouring rain.	***Llueve a cántaros.***
rain	**la lluvia**
rainbow	**el arco iris**
shower	**el aguacero, el chubasco**
snow	**nevar**
snow	**la nieve**
stormy	**tormentoso/a**
sun	**el sol**

thaw	**descongelar, derretirse (el hielo)**
thaw	**el deshielo**
thunder	**tronar**
thunder	**el trueno**

 Must-Know Tip

Remember to use only the third-person singular form of verbs for the following weather-related expressions:

It rains. (It's raining.)	***Llueve.***
It freezes. (It's freezing.)	***Hiela.***
It snows. (It's snowing.)	***Nieva.***
It thunders. (It's thundering.)	***Truena.***

weather	**el clima, el tiempo**
wind	**el viento**

Extreme Weather Conditions and Natural Disasters

Las condiciones atmosféricas severas y los desastres naturales

avalanche	**la avalancha**
cyclone	**el ciclón**
disaster area	**la zona catastrófica**
dog days	**la canícula**
drought	**la sequía**
earthquake	**el temblor de tierra, el terremoto, el seísmo**
eruption	**la erupción**
flood	**la inundación**
hurricane	**el huracán**
landslide	**el deslizamiento de tierra**
lava	**la lava**
lightning bolt	**el rayo**

monsoon	**el monzón**
shock	**la sacudida**
snowstorm	**la tormenta de nieve**
Snowstorms may cause avalanches.	*Las tormentas de nieve pueden causar avalanchas.*
squall	**la ráfaga**
storm	**la tempestad, la tormenta; el mal tiempo**
thunderstorm	**la turbonada**
tidal wave	**el ras de mar**
tornado	**el tornado**
torrential rain	**la lluvia torrencial**
tsunami	**el tsunami**
typhoon	**el tifón**
windstorm	**la tormenta de viento**

Weather Report — El boletín meteorológico

atmospheric pressure	**la presión atmosférica**
aurora australis (southern lights)	**la aurora austral**
aurora borealis (northern lights)	**la aurora boreal**
average	**medio/a**
the average temperature	*la temperatura media*
barometer	**el barómetro**
change	**el cambio**
degree	**el grado**
disturbance	**la perturbación atmosférica**
drop	**bajar**
a temperature drop	*una baja de la temperatura*
forecast	**el pronóstico**
high pressure	**la alta presión**
low pressure	**la baja presión**
mild	**suave, agradable**
mild temperatures	*las temperaturas suaves*
minus	**menos**
plus	**plus**

precipitation	**la precipitación**
rise	**subir**
rise	**la subida**
shade	**la sombra**
92 degrees in the shade	*92 grados a la sombra*
shine	**brillar**
sunrise; at sunrise	**el amanecer; a la salida del sol**
sunset; at sunset	**el atardecer, el crepúsculo; a la caída del sol**
temperature	**la temperatura**
thermometer	**el termómetro**
variable	**variable**

Seasons and Climates

Las estaciones y los climas

continental	**continental**
fall	**el otoño**
Mediterranean	**mediterráneo/a**
spring	**la primavera**
summer	**el verano**
summery	**veraniego/a**
summery clothes	*las ropas veraniegas*
temperate	**templado/a**
tropical	**tropical**
subtropical climate	*el clima subtropical*
winter	**el invierno**
wintry	**invernal**
zone	**la zona**

Ecology and Pollution

Ecology

La ecología

Amazon rainforest	**la selva del Amazonas**
biodegradable	**biodegradable**

biological	**biológico/a**
clean-up	**la limpieza**
coral reef	**el arrecife de coral**
diversity	**la diversidad**
ecologist	**el/la ecologista**
Ecologists protect biological diversity.	***Los ecologistas protegen la diversidad biológica.***
ecosystem	**el ecosistema**
environmentalist	**el defensor, la defensora del medio ambiente**
fauna	**la fauna**
flora	**la flora**
global	**global, planetario/a**
global warming	***el calentamiento global***
habitat	**el hábitat**
natural resources	**los recursos naturales**
ozone layer	**la capa del ozono**
There is a hole in the ozone layer.	***Hay un hueco en la capa del ozono.***
plankton	**el plancton**
pollution control	**el control de la polución**
preserve	**preservar**
protect	**proteger**
protection	**la protección**
recycle	**reciclar**
recycling	**el reciclaje**
reforestation	**la reforestación**
reserve	**la reserva**
a biological reserve	***la reserva ecológica***
species	**la especie**
stop	**parar**
We must stop deforestation.	***Debemos parar la deforestación.***
treatment	**el tratamiento**
warming, global warming	**el calentamiento (global)**
water level	**el nivel del agua**

wildlife	la vida silvestre, los animales salvajes
wilderness	la naturaleza silvestre

Pollution

La polución

acid rain	la lluvia ácida
allergy	la alergia
burn	quemar
burning	la quema
carbon dioxide	el dióxido de carbono
cell mutation	la mutación de las células
concern	la preocupación
contamination	la contaminación
water contamination	*la contaminación de las aguas*
damage	dañar, hacer daño a
damage	el daño
deforestation	la deforestación
degradation	la degradación
desertification	la desertificación
destruction	la destrucción
disappear	desaparecer
drinking water	el agua potable
Chemical waste seeps into drinking water.	*Los desechos químicos contaminan el agua potable.*
dump	verter
dump, city dump	el vertedero
endangered	en peligro, en vías de extinción
endangered species	*la especie en vías de extinción*
erode	erosionar
erosion	la erosión
extinction	la extinción, la desaparición
garbage	la basura
greenhouse effect	el efecto invernadero

harmful	nocivo/a, peligroso/a
hole	el hueco
imbalance	el desequilibrio
industrialization	la industrialización
irreversible	irreversible
melt	derretir, derretirse
nuclear	nuclear
oil	el petróleo
oil slick	el derramamiento de petróleo
oil tanker	el petrolero
pesticide	el insecticida, el pesticida
pollutant	el contaminante
pollute	contaminar
polluter	el contaminante
radioactive	radioactivo/a
radioactive emissions	*las emisiones radioactivas*
spill	derramar
spill	el derrame
tear	el desgarre, la fisura
threat	la amenaza
toxic	tóxico/a
ultraviolet ray	el rayo ultravioleta
waste	desechar, desperdiciar
waste	el desecho, la basura

Farming and Gardening

Agriculture

La agricultura

agricultural	agrícola
agriculturist	el agricultor, la agricultora
breed	criar
breed	la raza
breeder	el criador, la criadora; el ganadero, la ganadera

breeding	la crianza, la reproducción
cattle	el ganado
country, countryside	el campo
cultivate	cultivar
cultivation	el cultivo
farmer	el granjero, la granjera; el agricultor, la agricultora
fertile	fértil
field	el campo
The fields near the river are fertile.	*Los campos cerca del río son fértiles.*
fish farming	la piscicultura
graze	pacer
grow	criar (animales); cultivar (la tierra)
harvest	cosechar
harvest	la cosecha
grape harvest	*la vendimia*
harvest vintage	*el año (de vendimia)*
1995 is an excellent vintage for Rioja wines.	*1995 es un año excelente para los vinos de la Rioja.*
horticulture	la horticultura
meadow	el prado
Cows graze in the meadow.	*Las vacas pacen en el prado.*
orchard	el huerto
pasture	el pasto
peasant	el campesino, la campesina
raise	criar
soil	la tierra
sow	sembrar
vineyard	el viñedo, la viña
viticulturist	el viticultor, la viticultora

Farming and Gardening Tools

Los utensilios de jardinería y labranza

axe	el hacha
farming	el cultivo

Must-Know Tip

Remember **hacha**, **agua**, and other nouns that begin with a stressed **a-** or **ha-** are feminine nouns but, for purposes of pronunciation, take a masculine article (**el, un**) in the singular form.

I cut the tree with a sharp axe.	***Corto el árbol con un hacha afilada.***
I like cold water.	***Me gusta el agua fría.***
Charles bathes in the cold waters of the gulf.	***Charles se baña en las aguas frías del golfo.***

fertilize	**abonar**
fertilizer	**el abono**
garden	**el jardín**
gardening	**la jardinería**
gloves	**los guantes**
hose, watering hose	**la manguera**
insecticide	**el insecticida**
lawn	**el césped**
lawnmower	**la cortacésped**
plow	**arar**
plow	**el arado**
prune	**podar**
pruning sheers	**la podadera**
rake	**rastrillar**
rake	**el rastrillo**
seed, sow	**sembrar**
seed	**la semilla**
shovel	**la pala**
spray	**fumigar, regar por aspersión**
They spray to get rid of insects.	*Fumigan para eliminar los insectos.*
sprinkler	**el aspersor, el rociador, la regadora automática**

tractor	**el tractor**
trim	**podar**
I trim my rosebush.	*Yo podo mi rosal.*
truck	**el camión**
water	**regar, irrigar**
watering can	**la regadera**
watering hose	**la manguera**
weed	**la mala hierba**
weed killer	**el herbicida**
He sprays the lawn with weed killer.	*Él riega el césped con herbicida.*
wheelbarrow	**la carretilla**

Trees · Los árboles

apple tree	**el manzano**
avocado tree	**el aguacate**
banana tree	**el banano, el platanero**

 Must-Know Tip

Remember that the names of many trees are masculine and the trees' fruit is usually feminine.

Almonds and walnuts are healthful. **Las almendras y las nueces son saludables.**

They have many apple trees. **Tienen muchos manzanos.**

branch	**la rama**
cedar	**el cedro**
cypress	**el ciprés**
elm	**el olmo**
fig tree	**la higuera**
fruit tree	**el árbol frutal**
graft	**injertar**
graft	**el injerto**

leaf	**la hoja**
mahogany	**la caoba**
oak	**el roble**
olive tree	**el olivo**
orange tree	**el naranjo**
orchard	**el huerto**
palm tree	**la palma**
pine	**el pino**
poplar	**el álamo**
root	**la raíz**
tree	**el árbol**
willow	**el sauce**
weeping willow	*el sauce llorón*

Flowers and Shrubs / Las flores y los arbustos

bloom	**florecer**
bud	**el botón**
bulb	**el bulbo**
carnation	**el clavel**
cut	**cortar**
daffodil	**el narciso**
daisy	**la margarita**
gardenia	**la gardenia**
gladiolus	**el gladiolo**
heather	**el brezo**
hedge	**el seto**
hydrangea	**la hortensia**
ivy	**la hiedra**
lilac	**la lila**
lily	**el lirio, la azucena**
orchid	**la orquídea**
plant	**plantar, sembrar**
plant	**la planta**

poppy	la amapola
rose	la rosa
rosebush	el rosal
sunflower	el girasol
tulip	el tulipán
I plant tulips every year.	*Siembro tulipanes todos los años.*
violet	la violeta

Animals

Pets — Los animales domésticos

bark	ladrar
canary	el canario
dog	el perro, la perra
domestic animal	el animal doméstico, la mascota
cat	el gato, la gata
Cats purr.	*Los gatos ronronean.*
chinchilla	la chinchilla
goldfish	el pez de colores
hamster	el hámster
iguana	la iguana
parrot	el loro, la lora; la cotorra
He talks a lot.	*Habla como una cotorra.*
pet	el animal doméstico, la mascota
purr	ronronear
rabbit	el conejo, la coneja
tortoise	la tortuga

Farm and Field Animals — Los animales de las granjas y el campo

| bat | el murciélago |
| beaver | el castor |

bull	el toro
calf	el ternero, la ternera
centipede	el ciempiés

 Must-Know Tip

Many idiomatic expressions that underscore human qualities include references to animals. Some are very similar in English and Spanish but many do not translate literally.

She is a fox.	**Es una zorra.**
You are batty!	**¡Estás como una cabra! ¡Estás chiflado!**
He is a chicken!	**¡El es un gallina!**

chick	el pollito
chicken coop	el gallinero
chirp	piar
The chicks chirp.	*Los pollitos pían.*
cow	la vaca
donkey	el asno, la asna
duck	el pato, la pata
duckling	el patito, la patita
ewe	la oveja
frog	la rana
goat	el chivo, la chiva; la cabra
goose	el ganso, la gansa; el/la oca
guinea pig	el conejillo de indias
hare	la liebre
hen	la gallina
herd	el rebaño
horse	el caballo
lamb	el cordero
mare	la yegua
marmot	la marmota

mole	el topo
mouse	el ratón, la ratona
mule	la mula
ox	el buey
pig	el cochino, la cochina; el cerdo, la cerda
pony	el poney, el potro
porcupine	el puercoespín
poultry	las aves de corral
rabbit	el conejo, la coneja
raccoon	el mapache
ram	el carnero
A ram has big horns.	*Un carnero tiene cuernos grandes.*
rat	la rata
rooster	el gallo
sheep	la oveja
slug	la babosa
snail	el caracol
squirrel	la ardilla
stallion	el semental
swan	el cisne
toad	el sapo
turkey	el pavo
turtle	la tortuga

Wild Animals / Los animales salvajes

antelope	el antílope
bear	el oso
boa	la boa
chimpanzee	el chimpancé
crocodile	el cocodrilo
elephant	el elefante, la elefanta
fox	el zorro, la zorra
giraffe	la jirafa

gorilla	**el gorila**
hippopotamus	**el hipopótamo**
hyena	**la hiena**
jackal	**el chacal**
jaguar	**el jaguar**
koala	**el koala**
leopard	**el leopardo**
lion	**el león, la leona**
lynx	**el lince**
monkey	**el mono**
ostrich	**el avestruz**
Ostriches do not fly.	***Los avestruces no vuelan.***
panther	**la pantera**
rhinoceros	**el rinoceronte**
skunk	**la mofeta**
snake	**la serpiente**
tiger	**el tigre, la tigresa**
wolf	**el lobo, la loba**
zebra	**la cebra**
zoo	**el parque zoológico**

Sea Life   **Las especies marinas**

conch	**la caracola**
dolphin	**el delfín**
Dolphins are very smart.	***Los delfines son muy inteligentes.***
fish	**el pez**
mollusk	**el molusco**
octopus	**el pulpo**
penguin	**el pingüino**
porpoise	**la marsopa, la marsopla**
sea urchin	**el erizo**
seal	**la foca**
seaweed	**la alga marina, el sargasso**
shell	**la concha, el caracol**

Must-Know Tip

Be sure to use **el caracol** and not **la concha** in Argentina, Chile, Peru, and Uruguay.

shark	**el tiburón**
starfish	**la estrella de mar**
whale	**la ballena**

Birds — Las aves

blackbird	**el mirlo**
cardinal	**el cardinal**
condor	**el cóndor**
crow	**el cuervo**
dove	**la paloma**
eagle	**el águila**
flamingo	**el flamenco**
fly	**volar**
fowl	**el ave, las aves**
lark	**la alondra**
nest	**el nido**
nightingale	**el ruiseñor**
He sings like a nightingale.	*Canta como un ruiseñor.*
partridge	**la perdiz**
pelican	**el pelícano**
pheasant	**el faisán**
pigeon	**el palomo, la paloma**
quetzal	**el quetzal**
seagull	**la gaviota**
sparrow	**el gorrión**
stork	**la cigüeña**
swallow	**la golondrina**
toucan	**el tucán**

turtledove	**la tórtola**
vulture	**el buitre**
The vulture is a scavenger.	***El buitre es ave de rapiña.***

Insects and Spiders

Los insectos y las arañas

ant	**la hormiga**
anthill	**el hormiguero**
bedbug	**la chinche**
bee	**la abeja**
bug	**el bicho, el insecto**

 Must-Know Tip

Avoid **el bicho** in Puerto Rico. Use **el insecto** instead.

butterfly	**la mariposa**
buzz	**zumbar**
buzz	**el zumbido**
caterpillar	**la oruga**
cockroach	**la cucaracha**
cricket	**el grillo**
flea	**la pulga**
fly	**la mosca, el moscardón, el moscón**
grasshopper	**el saltamontes**
insect	**el insecto**
ladybug	**la mariquita, la cotorrita**
mosquito	**el mosquito**
moth	**la polilla**
spider	**la araña**
spiderweb	**la telaraña**
termite	**la termita**
tick	**la garrapata**
worm	**el gusano**

12

Measurements, Numbers, and Time

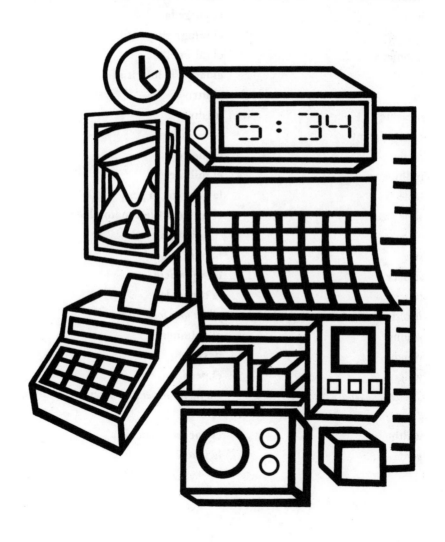

Measurements

area	el área
breadth	el ancho, la anchura
capacity	la capacidad
centimeter	el centímetro
depth	la profundidad
dimension	la dimensión
foot	el pie
height	la altura
inch	la pulgada
kilogram	el kilogramo
kilometer	el kilómetro
length	el largo, la longitud
liter	el litro
measure	medir
measurement	la medida
meter	el metro
millimeter	el milímetro
scale	la balanza, la pesa
shoe size	el número (de zapato); la talla (de ropa)
size	la talla
surface	la superficie
ton	la tonelada
It weighs a ton!	*¡Pesa una tonelada!*
volume	el volumen
weigh	pesar
weight	el peso
The rate depends on the weight of the cargo.	*La tarifa depende del peso de la carga.*
width	el ancho, la anchura
yard	la yarda

Quantities

bottle	**la botella**
box	**la caja**
cup	**la taza**
double	**doble; el doble**
dozen	**una docena**
half a dozen	*media docena*
fifteen	**una quincena**
fourth	**el cuarto**
glass	**el vaso**
gram	**el gramo**
half	**la mitad**
I need half a cup of flour.	*Necesito media taza de harina.*
handful	**un puñado**
mouthful	**un bocado**
pair	**un par**
percent	**el por ciento**
percentage	**el porcentaje, el tanto por ciento**
What percentage do you make?	*¿Qué porcentaje ganas?*
piece	**el pedazo**
pinch	**la pizca**
a pinch of salt	*una pizca de sal*
pound	**la libra**
Ten dollars a pound.	*A diez dólares la libra.*
quadruple	**cuádruplo**
quantity	**la cantidad**
quintuple	**quíntuplo**
slice	**la loncha, la rebanada, la rodaja, la lasca**
slice of ham, of bread, of lemon	*la loncha de jamón; la rebanada de pan; la rodaja de limón*
spoonful	**la cucharada**

teaspoonful	**la cucharadita**
ten, about ten	**una decena**
triple	**el triple**
twenty, about twenty	**una veintena**

Adjectives and Adverbs of Measurement

a few	**unos cuantos**
a little	**poco/a, un poco**
It is a little big for me.	*Es un poco grande para mí.*
a lot	**mucho/a**
deep	**profundo/a**
double	**el doble**
enormous	**enorme**
enough	**bastante, suficiente**
few	**pocos/as**
gigantic	**gigantesco/a**
heavy	**pesado/a**
high	**alto/a**
large	**grande**
less	**menos**
light	**ligero/a, liviano/a**
long	**largo/a**
How long is it?	*¿Cuánto tiene (mide) de largo?*
low	**bajo/a**
little	**poco; pequeño/a**
more	**más**
more or less	*más o menos*
most	**la mayoría de**
Most people prefer to rest.	*La mayoría de la gente prefiere descansar.*
much	**mucho/a**
several	**algunos/as**

short	**corto/a**
small	**pequeño/a**
so many	**tantos/as**
so much	**tanto/a**
some	**algunos/as**
too many	**muchos/as**
too much	**demasiado**
wide	**ancho/a**

 Must-Know Tip

Remember these adjectives of size and measurement are used in idiomatic expressions that do not translate literally.

at length	***largo y tendido***
They talked at length.	***Hablaron largo y tendido.***
comfortable	***a sus anchas***
She feels comfortable.	***Se siente a sus anchas.***

Numbers and Calculations

Cardinal Numbers

Los números cardinales

zero	**cero**
one	**uno**
two	**dos**
three	**tres**
four	**cuatro**
five	**cinco**
six	**seis**
seven	**siete**
eight	**ocho**
nine	**nueve**

ten	**diez**
eleven	**once**
twelve	**doce**
thirteen	**trece**
fourteen	**catorce**
fifteen	**quince**
sixteen	**dieciséis, diez y seis**
seventeen	**diecisiete, diez y siete**
eighteen	**dieciocho, diez y ocho**
nineteen	**diecinueve, diez y nueve**
twenty	**veinte**
twenty-one	**veintiuno**
twenty-two	**veintidós**
twenty-three	**veintitrés**
twenty-four	**veinticuatro**
twenty-five	**veinticinco**
twenty-six	**veintiséis**
twenty-seven	**veintisiete**
twenty-eight	**veintiocho**
twenty-nine	**veintinueve**
thirty	**treinta**
thirty-one	**treinta y uno**
thirty-two	**treinta y dos**
forty	**cuarenta**
fifty	**cincuenta**
sixty	**sesenta**
seventy	**setenta**
eighty	**ochenta**
ninety	**noventa**
one hundred	**cien, ciento**
one hundred and one	**ciento uno/a**
two hundred	**doscientos/as**
three hundred	**trescientos/as**
four hundred	**cuatrocientos/as**

five hundred	quinientos/as
six hundred	seiscientos/as
seven hundred	setecientos/as
eight hundred	ochocientos/as
nine hundred	novecientos/as
one thousand	mil
two thousand	dos mil
one hundred thousand	cien mil
one million	un millón
one billion	mil millones, el millardo

Ordinal Numbers / Los números ordinales

first	primer, primero/a
May first	*el primero de mayo*
on the first floor	*en el primer piso*
second	segundo/a
third	tercer, tercero/a
She is in the third grade.	*Está en el tercer grado.*
fourth	cuarto/a
fifth	quinto/a
sixth	sexto/a
seventh	séptimo/a
eighth	octavo/a
ninth	noveno/a
tenth	décimo/a

 Must-Know Tip

Keep in mind that cardinal numbers and not ordinal numbers are used to indicate the order in a series of eleven or more. They usually follow the noun.

This is the 15th session.   **Esta es la sesión 15.**

Alfonso the Twelfth   **Alfonso XII (Alfonso Doce)**

Calculations

English	El cálculo
add	**sumar**
addition	**la cuenta, la suma**
calculate	**calcular**
calculation	**el cálculo**
count	**contar**
difference	**la diferencia**
divide	**dividir**
division	**la división**
multiplication	**la multiplicación**
three times three equals nine	***tres por tres son nueve***
number	**numerar**
number	**la cifra, el número**
subtract	**restar, sustraer**
subtraction	**la resta, la sustracción**
five minus two is three	***cinco menos tres son dos***
sum	**el total, la suma**
total	**sumar**
total	**el total**

Time, Days of the Week, and Months of the Year

Time — El tiempo, la hora

Time	El tiempo, la hora
afternoon	**la tarde**
date	**la fecha**
What is today's date?	***¿Qué día es hoy?, ¿A cuántos estamos hoy?***
day	**el día**
day after tomorrow	**pasado mañana**
day before yesterday	**anteayer**
evening	**el atardecer; la noche**
month	**el mes**

morning	**la mañana**
night	**la noche**
week	**la semana**
next week	***la semana que viene***
weekend	**el fin de semana**
the days of the week	***los días de la semana***

Telling Time

La hora

dawn	**el amanecer**
daybreak	**la madrugada**
at daybreak	***por la madrugada***
half hour	**media hora**
hour	**la hora**
What time is it?	***¿Qué hora es?***
last night	**anoche**
midnight	**la medianoche**
noon	**el mediodía**
o'clock	**en punto**
tell time	**dar la hora**
The clock tells time.	***El reloj da la hora.***
time	**la hora; el tiempo**
At what time does the bank open?	***¿A qué hora abre el banco?***
How long ago?	***¿Cuánto tiempo hace?***
today	**hoy**
tomorrow	**mañana**
tomorrow morning	**mañana por la mañana**
1:00 P.M.	**la una de la tarde**
2:15 A.M.	**las dos y cuarto de la mañana**
3:45 P.M.	**las cuatro menos cuarto, las tres y cuarenta y cinco minutos**
5:30 P.M.	**las cinco y media de la tarde**
6:35	**las siete menos veinticinco**
7:40	**las ocho menos veinte**
11:00	**las once**
Do you have the time?	***¿Qué hora tiene?***

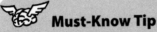
Days of the Week　　Los días de la semana

Monday	**el lunes**
Tuesday	**el martes**
Wednesday	**el miércoles**
Thursday	**el jueves**
Friday	**el viernes**
Saturday	**el sábado**
Sunday	**el domingo**
On Sundays, I rest.	*Los domingos descanso.*

Months of the Year　　Los meses del año

January	**enero**
My birthday is on January first.	*Mi cumpleaños es el primero de enero.*
February	**febrero**
March	**marzo**
April	**abril**
May	**mayo**
June	**junio**
July	**julio**

August	**agosto**
September	**septiembre, setiembre**
October	**octubre**
November	**noviembre**
December	**diciembre**
year	**el año**
leap year	***el año bisiesto***
last year and next year	***el año pasado y el año que viene***

Exercises

The exercises that follow correspond to the units in this book. Exercise 5.2, for example, refers to vocabulary you encountered in Unit 5. As in the rest of the book, the exercises are set up so that you can focus on any subject area that interests you, such as shopping in Unit 5, and move from one unit to another. Enjoy your practice!

1.1

Los datos personales. Write the letter corresponding to the appropriate answer to each of the following questions.

_____ 1. ¿Cómo se llama Ud.? a. Soy soltero.

_____ 2. ¿A qué se dedica? b. Alberto Correa.

_____ 3. ¿Dónde vive? c. De Barranquilla, Colombia.

_____ 4. ¿De dónde es Ud.? d. Soy estudiante de informática.

_____ 5. ¿Cuántos años tiene? e. Ahora vivo en Quito, Ecuador.

_____ 6. ¿Cuál es su estado civil? f. Tengo dieciocho.

1.2

Mis datos personales. Answer the following questions with your personal information.

1. ¿Cuál es tu apellido?

_____

2. ¿Y cuál es tu nombre?

_____

3. ¿A qué te dedicas?

_____

4. ¿Cuál es tu dirección?

_____

5. ¿De dónde eres?

_____

6. ¿Cuál es tu nacionalidad?

_____

7. ¿Cuál es tu estado civil?

_____

8. ¿Cuántos años tienes?

_____

1.3

La comunicación por correo. ¿Verdadero o Falso? Indicate whether these statements are True (*Verdadero*) or False (*Falso*).

_____ 1. La dirección debe incluir el código postal.

_____ 2. El remitente es la persona que recibe la carta.

_____ 3. El destinatario envía las cartas.

_____ 4. La contraseña permite acceder a la Internet.

_____ 5. Necesitas sellos para enviar una carta por correo.

_____ 6. El matasellos va dentro de la carta.

_____ 7. Escribes el saludo y la despedida en el sobre.

_____ 8. Pones la carta dentro del sobre para enviarla.

1.4

En español. Write the letter corresponding to the English equivalent of each Spanish sentence or expression.

_____ 1. Queridos amigos: a. Her last name is German.

_____ 2. Encantado de conocerlo.   b. We live in the same city.

_____ 3. Ella es casada.   c. Dear Friends,

_____ 4. Su apellido es alemán.   d. She is married.

_____ 5. Vivimos en la misma ciudad.   e. Pleased to meet you.

1.5

Una conversación por teléfono. Use the letters A to G to arrange these sentences in logical order to create a telephone conversation.

_____ 1. Gracias, señora.

_____ 2. ¡Ah, sí! Usted es la amiga de mi hija Maribel. Un momento, por favor.

_____ 3. De nada, Rosa. Adiós.

_____ 4. Habla Rosa.

_____ 5. ¿Rosa? Lo siento, pero tiene el número equivocado.

_____ 6. ¡No cuelgue, por favor! Soy Rosa de la Fuente.

_____ 7. ¡Oigo!

1.6

¿Sí o No? La fiesta. Answer *Sí* or *No* to indicate what you would probably do or not do when you receive an invitation to a party you would definitely like to attend.

_____ 1. Compras una tarjeta de felicitación.

_____ 2. Dices: "Lamento no poder asistir".

_____ 3. Aceptas la invitación.

_____ 4. Compras un regalo.

_____ 5. Compras una invitación.

1.7

Los adverbios. Circle the letter corresponding to the Spanish equivalent of the following English words.

1. already	a. nunca	b. ya	c. mañana	d. hoy
2. better	a. menor	b. mejor	c. peor	d. bien
3. early	a. ahora	b. de repente	c. rara vez	d. temprano
4. never	a. siempre	b. nunca	c. ahora	d. más tarde
5. little	a. poco	b. mucho	c. muy	d. más
6. sometimes	a. a veces	b. temprano	c. por fin	d. por todas partes
7. enough	a. recién	b. actualmente	c. suficiente	d. pronto
8. late	a. temprano	b. tarde	c. pronto	d. hoy
9. very	a. muy	b. mucho	c. muchos	d. bien
10. soon	a. tarde	b. pronto	c. allá	d. bien

1.8

En español. Choose and fill in the comparative expression that best completes each of the following sentences.

tantos... como   tanto... que   más de   más... que   tantas... como
menos... que

1. Pedro tiene 20 discos. Julia tiene 18. Pedro tiene _____ discos _____ Julia.

2. Tú escribes 8 cartas. Marta escribe 8. Marta escribe _____ cartas _____ tú.

3. Yo recibo 7 mensajes. Tú recibes 9. Yo recibo _____ mensajes _____ tú.

4. Tengo _____ trabajo _____ no puedo descansar.

5. Yo tengo $10.25. Yo tengo _____ $10.00.

2.1

¿Cómo es Pablo? Write the letter corresponding to the Spanish equivalent of the English word in bold characters.

_____ 1. Paul is **thin**.   a. calvo

_____ 2. Paul's **freckled** face is   b. pecoso
        handsome.

_____ 3. He is **strong**.   c. delgado

_____ 4. Paul is **bald**.   d. rizado

_____ 5. He does not have **curly** hair. e. fuerte

_____ 6. He is not **plump**.   f. pelirrojo

_____ 7. Pablo used to be **red-haired**. g. regordete

_____ 8. He is not **dark skinned**.   h. moreno

2.2

¿Cómo eres tú? Answer each of the following questions to describe your physical appearance.

1. ¿Eres alto/a o bajo/a?

   _____

2. ¿Y la piel?

   _____

3. ¿De qué color tienes los ojos?

   _____

4. ¿Eres delgado/a?

   _____

5. ¿Tienes una cicatriz en la cara?

   _____

6. ¿Tienes el pelo lacio o rizado?

   _____

7. ¿De qué color tienes el pelo?

   _____

8. ¿Tienes pecas en la cara?

   _____

2.3

La personalidad. Write the characteristic (the adjective) that completes the description in each of the following statements.

1. Tiene mucha paciencia. Es _____.

2. No habla mucho. Es _____.

3. Le gusta conocer a muchas personas. Es _____.

4. Estudia y trabaja mucho. Es _____.

5. No tiene miedo a nada. Es _____.

6. No le gusta trabajar. Es _____.

7. No le gustan las fiestas y no le gusta ir al cine. Es _____.

8. Dice siempre la verdad. Es _____.

2.4

Los parientes. Complete each sentence with the appropriate Spanish word.

1. El padre de mi padre es mi _____.

2. La hermana de mi madre es mi _____.

3. El hijo de mi hija es mi _____.

4. La familia de mi esposa es mi _____.

5. El padre de mi esposo es mi _____.

6. Los hijos de mis tíos son mis _____.

7. La esposa de mi hijo es mi _____.

8. El esposo de mi hija es mi _____.

9. La hija de mi hermano es mi _____.

10. No tengo hermanos y no tengo hermanas. Soy _____.

2.5

Las fechas especiales. ¿Verdadero o Falso? Indicate whether these statements are True (*Verdadero*) or False (*Falso*).

_____ 1. En los Estados Unidos el Día de la Madre se celebra en mayo.

_____ 2. La Independencia de los Estados Unidos es el 5 de mayo.

_____ 3. Celebramos la Noche Vieja el 1 de diciembre.

_____ 4. La fiesta de Nochebuena es el 25 de diciembre.

_____ 5. El 1 de enero la gente dice ¡Feliz Año Nuevo!

2.6

En español. Circle the letter that corresponds to the Spanish equivalent of each of the following English words.

1. trust   a. la confianza   b. la felicidad   c. la familia   d. la amistad

2. quarrel   a. el   b. la pelea   c. el grupo   d. el saludo
                 matrimonio

3. birth	a. el nacimiento	b. la celebración	c. el regalo	d. la disputa
4. event	a. la fiesta	b. el acontecimiento	c. la tradición	d. la misa
5. gift	a. el cumpleaños	b. el compromiso	c. el regalo	d. la familia

2.7

La geografía. Write the letter corresponding to the question that preceded each of the answers in the left-hand column.

_____ 1. Sí, especialmente la japonesa.　a. ¿Qué lengua hablan en Marruecos?

_____ 2. En el Caribe.　b. ¿Dónde está Panamá?

_____ 3. Hablan español y guaraní.　c. ¿Y qué lengua hablan en Brasil?

_____ 4. Ecuador.　d. ¿Dónde está Canadá?

_____ 5. En Norteamérica.　e. ¿A qué país pertenecen las Galápagos?

_____ 6. Hablan árabe y francés.　f. ¿Es popular la comida oriental?

_____ 7. Hablan portugués.　g. ¿Qué hablan en Paraguay, español?

_____ 8. Centroamérica.　h. ¿Y dónde está la República Dominicana?

3.1

Las partes del cuerpo. Write the letter that corresponds to the part of the body closely connected to the one in the left-hand column.

_____ 1. los ojos　a. el cuello

_____ 2. los dedos　b. el pie

_____ 3. la espalda　c. la cara

_____ 4. la cabeza   d. la mano

_____ 5. el tobillo   e. el hombro

_____ 6. el diente   f. el ojo

_____ 7. la pupila   g. la boca

3.2

El dibujo del cuerpo. Circle the letter corresponding to the part of the human body that would complete a drawing of the part listed on the left.

1. el ojo	a. el bigote	b. la mandíbula	c. la nuca	d. la pestaña
2. la cara	a. la barbilla	b. el oído	c. el codo	d. la garganta
3. el dedo	a. el hombro	b. la uña	c. el ombligo	d. la vejiga
4. el tórax	a. el nudillo	b. la muñeca	c. el pecho	d. el pulgar
5. el pie	a. la rodilla	b. el tobillo	c. la cadera	d. el pulmón
6. la pierna	a. el talón	b. la pantorrilla	c. el dedo	d. el hígado
7. el brazo	a. el muslo	b. el índice	c. la nalga	d. el antebrazo
8. la espalda	a. el trasero	b. el corazón	c. la muela	d. el paladar

3.3

Los cinco sentidos. Write the Spanish word that identifies the sense we use to perceive the following:

1. el frío _____

2. la comida salada _____

3. el olor de la flor _____

4. el sabor del café _____

5. la música rock _____

6. el color de la camisa _____

7. el sabor de la comida _____

8. la fragancia del té _____

9. la piel suave _____

10. el ruido _____

3.4

El aseo personal. Translate the following sentences into Spanish.

1. I gargle.

   _____

2. I brush my teeth with my new toothbrush.

   _____

3. I shave with my electric shaver.

   _____

4. I take a shower.

   _____

5. My soap smells nice.

   _____

6. I need a clean towel.

   _____

7. Oh, no! I don't have deodorant!

   _____

8. Where are the scissors?

   _____

9. Now I am going to trim my mustache.

   _____

10. And I am going to file my nails.

   _____

3.5

En la consulta del doctor. Using the letters A through G, arrange the following sentences in sequence to create a conversation between a doctor and a patient.

_____ 1. Me duele la cabeza y me siento muy cansado.

_____ 2. ¿Qué le pasa?

_____ 3. Claro, tiene Ud. las amígdalas muy inflamadas.

_____ 4. ¿Cómo se siente, Sr. Gómez?

_____ 5. Sí, doctora, mucho.

_____ 6. No me siento bien.

_____ 7. ¿También le duele la garganta?

3.6

En la farmacia. Complete the following sentences with an appropriate Spanish word.

1. Para la tos puedes comprar _____.

2. Si tienes dolor de cabeza toma _____.

3. Para los ojos irritados necesitas _____.

4. Si tienes una herida en la mano, compra _____.

5. Para tu irritación de la piel, usa _____.

6. Si quieres comprar un antibiótico debes tener _____.

3.7

La salud. ¿Verdadero o Falso? Indicate whether these statements are True (*Verdadero*) or False (*Falso*).

_____ 1. Si tengo dolor de muelas voy al ginecólogo.

_____ 2. Cuando tengo una cortada me pongo una bandita.

_____ 3. Uso el hilo dental para cepillarme los dientes.

_____ 4. Posiblemente la joven lleva una escayola porque tiene una fractura.

_____ 5. El anestésico evita el dolor durante la operación quirúrgica.

_____ 6. Si tienes un dolor de cabeza debes ir a la unidad de cuidados intensivos.

_____ 7. Cuando tienes fiebre, puedes usar un termómetro.

_____ 8. Puedes comprar la receta médica en la farmacia.

3.8

El cuidado de la vista y de los dientes. Complete each of the following statements with the Spanish word that refers to eye care.

1. Si no veo bien voy a la consulta de un (una) _____ .

2. No veo bien de lejos, soy _____ .

3. No me gusta usar lentes, por eso llevo _____ .

4. Mi abuela no tiene dientes, por eso usa _____ .

5. Tengo la cara inflamada porque en una muela tengo

    _____ .

6. Es necesario cepillarse los dientes y usar la seda dental para evitar

    _____ .

3.9

La vida y la muerte. Circle the letter corresponding to the English equivalent of each Spanish word.

1. la vejez   a. youth   b. adulthood   c. old age

2. el nacimiento   a. death   b. birth   c. retirement

3. nacer   a. be born   b. die   c. bore

4. jubilación   a. inheritance   b. retirement   c. burial

5. la vida   a. death   b. life   c. will

3.10

La muerte. Write the letter corresponding to the definition of each of the following terms.

_____ 1. el luto   a. dinero que recibes por la muerte de una persona

_____ 2. la necrología   b. reducción de un cadáver a cenizas

_____ 3. fallecer   c. lugar para enterrar a una persona

_____	4. la tumba	d.	anuncio de una muerte en el periódico
_____	5. los restos mortales	e.	sinónimo de morir
_____	6. la incineración	f.	el cadáver de una persona
_____	7. heredar	g.	expresión externa de dolor
_____	8. la póliza	h.	recibir dinero o bienes de una persona

4.1

En la clase. Write the letter corresponding to the Spanish equivalent of each English sentence.

_____	1. I am writing an essay.	a.	Suspendí la prueba.
_____	2. The teacher assigns the homework.	b.	Escribo un ensayo.
_____	3. She reads the question on the board.	c.	La maestra asigna la tarea.
_____	4. Where is the eraser?	d.	Tienes que sacar buenas notas.
_____	5. I need the highlighter.	e.	Lee la pregunta en el pizarrón.
_____	6. The teacher grades the exams.	f.	Necesito el rotulador.
_____	7. I failed the quiz.	g.	¿Cuál es tu promedio?
_____	8. You need to earn good grades.	h.	Tenemos un sustituto/una sustituta hoy.
_____	9. What is your average?	i.	¿Dónde está el borrador?
_____	10. We have a substitute teacher today.	j.	La maestra califica los exámenes.

4.2

Los procedimientos en clase. ¿Verdadero o Falso? Indicate whether these statements are True (*Verdadero*) or False (*Falso*).

_____ 1. Generalmente, está prohibido copiar en los exámenes.

_____ 2. Si estudias, puedes mejorar tus notas.

_____ 3. En la clase de latín aprendemos conceptos de ciencia.

_____ 4. Generalmente, los alumnos califican los exámenes.

_____ 5. Por lo general, los estudiantes llevan sus libros en la mochila.

_____ 6. Los profesores dan clases.

4.3

En la escuela. Circle the letter corresponding to the Spanish equivalent of each English word.

1. subject   a. la materia   b. el material   c. el salón   d. el salón de clase

2. scholarship   a. el escolar   b. el archivo   c. la beca   d. la tarea

3. library   a. el librero   b. la librería   c. la biblioteca d. la libertad

4. principal   a. el conserje b. el director   c. el proyector d. el pupitre

5. schedule   a. el horario   b. el recreo   c. el semestre   d. el sustituto

4.4

Los útiles y materiales escolares. Fill in the blank with the Spanish word for the school supplies and materials needed in each case.

1. Para llevar los libros a la escuela: _____

2. Para sacar la punta al lápiz: _____

3. Para resaltar unas palabras en la página de un libro:

_____

4. Para escribir notas: _____

5. Para borrar un error en el papel: _____

6. Para traducir una palabra al inglés: _____

7. Para programar la computadora: _____

8. Para imprimir una página de la Web: _____

9. Para evitar un virus en la computadora: _____

10. Para leer el CD: _____

4.5

El día escolar. Put these sentences in sequential order from A through E to describe a class activity.

_____ 1. Los estudiantes salen al recreo.

_____ 2. Los estudiantes contestan las preguntas del examen.

_____ 3. El maestro distribuye el examen.

_____ 4. La clase comienza.

_____ 5. El maestro recoge los exámenes.

4.6

En la escuela. Answer these questions in Spanish.

1. ¿Prefieres las matemáticas o las ciencias?

   _____

2. ¿Estudias en la universidad?

   _____

3. ¿Cuál es la clase más fácil?

   _____

4. ¿Y cuál es la materia más difícil para ti?

   _____

5. ¿Qué tienes en tu mochila?

   _____

6. ¿Cuál es tu promedio de notas?

   _____

7. ¿Cuándo haces la tarea?

_____

8. ¿Sacas buenas notas siempre?

_____

4.7

Y ahora, la educación. Use letters A through G to indicate the chronological steps of Pedro's education.

_____ 1. Ingresa a la escuela de Medicina.

_____ 2. Termina la escuela primaria.

_____ 3. Recibe su diploma profesional de la universidad.

_____ 4. Elige las asignaturas en la escuela secundaria.

_____ 5. Entra al segundo grado.

_____ 6. Aprende a leer.

_____ 7. Se gradúa de la escuela secundaria.

4.8

La ocupación y los estudios. Write the letter that corresponds to the school where each of these individuals study to reach their career goals.

_____ 1. Pedro quiere ser abogado.   a. la facultad de pedagogía

_____ 2. Marcos quiere ser profesor.   b. la facultad de Derecho

_____ 3. Luis quiere ser chef.   c. la escuela de periodismo

_____ 4. Roberto quiere ser   d. la escuela de informática
programador.

_____ 5. Alberto quiere ser periodista.   e. la escuela de hostelería

5.1

¡Una ganga! Write the letter corresponding to the Spanish equivalent of each English word or phrase.

_____ 1. It's a deal.   a. Es gratis.

_____ 2. Closed.   b. Abierto.

	3. It's a bargain.	c. Es un chollo.
_____	3. It's a bargain.	c. Es un chollo.
_____	4. Let's bargain.	d. Es un volante.
_____	5. It's a flyer.	e. Cerrado.
_____	6. It's free.	f. Es una inauguración.
_____	7. It's a grand opening.	g. Trato hecho.
_____	8. Open.	h. Vamos a regatear.

5.2

De compras. A salesperson is helping a customer. Write the letters from A through G to indicate the sequence of the sentences in their dialogue.

_____ 1. ¿Tiene Ud. el recibo?

_____ 2. Quiero devolver este suéter horrible. No me gusta.

_____ 3. ¡Ay, no!, no tengo el recibo.

_____ 4. ¿En qué puedo servirla?

_____ 5. ¿Por qué no le gusta, señora?

_____ 6. Lo siento, pero no se aceptan devoluciones sin recibo.

_____ 7. No me queda bien, es muy grande. Y no hay una talla más pequeña.

5.3

La publicidad. Translate the following sentences into Spanish.

1. The store has a sale.

   _____

2. This billboard displays very attractive leather goods.

   _____

3. I get a discount with this coupon.

   _____

4. The flyer advertises a shoe sale.

   _____

5. This is junk mail.

_____

6. The window displays beautiful dresses.

_____

7. You receive one pair of shoes free if you buy two pair.

_____

8. The newspaper advertises the campaign.

_____

5.4

La ropa, los colores y las telas. Answer the following questions in Spanish.

1. ¿Cuál es tu color preferido?

_____

2. ¿De qué color son tus zapatos favoritos?

_____

3. ¿Prefieres los pantalones de seda o algodón? ¿Por qué?

_____

4. ¿Te gusta la ropa de color chillón?

_____

5. ¿Tienes una blusa o camisa de manga larga?

_____

6. ¿Comprarías una chaqueta de terciopelo? Explica.

_____

7. En tu opinión, ¿cuál es la ropa más cómoda?

_____

8. ¿Hacen juego siempre tus zapatos y tu ropa?

_____

5.5

Las tiendas. Write the letter that corresponds to the store where you would buy the following items.

_____ 1. Un ramo de flores   a. la joyería

_____ 2. Un par de zapatos de tacón   b. la florería

_____ 3. Un sofá   c. la pescadería

_____ 4. Una sandía   d. la zapatería

_____ 5. Un salmón   e. la mueblería

_____ 6. Un reloj de oro   f. la frutería

5.6

En el almacén. Write the letter corresponding to the question that preceded each of the following answers.

_____ 1. No, ese color es muy fuerte.   a. ¿Desea Ud. estas sandalias amarillas?

_____ 2. En la sección de papelería.   b. ¿No vas a comprar el abrigo?

_____ 3. Sí, pase a la caja, por favor.   c. ¿Por qué no vamos al almacén?

_____ 4. No, necesito una falda larga.   d. ¿Qué vas a comprar para la fiesta?

_____ 5. ¡Un esmoquin, por supuesto!   e. ¿Desea Ud. comprar una minifalda?

_____ 6. ¡Sí, voy a comprarlas!   f. ¿Me queda bien este vestido rojo?

_____ 7. Es muy tarde. Está cerrado.   g. ¿Puedo pagar con mi tarjeta de crédito?

_____ 8. No, es muy caro y no tiene rebaja.   h. ¿Dónde puedo comprar el diccionario?

5.7

La ropa apropiada para cada ocasión. What garments should these people buy for the following activities and occasions? Write the letter that corresponds to the appropriate item.

_____ 1. hacer ejercicio

_____ 2. una cena formal

_____ 3. nadar en la piscina

_____ 4. un día de lluvia

_____ 5. una boda

_____ 6. un día con mucho sol

_____ 7. acostarse a dormir

_____ 8. un día frío

a. el abrigo

b. el sombrero

c. el vestido de novia

d. el chubasquero

e. el traje de baño

f. el traje de etiqueta

g. el chándal

h. el pijama

5.8

El cuidado de la ropa. Choose from the following word list to complete the sentences.

desgarrón   tijeras   tintorería   mancha   hilo   sastrería

1. No lavo mi camisa de seda en casa; la llevo a la _____.

2. Para cortar la tela necesito unas _____.

3. Tengo una _____ de café en la corbata.

4. Voy a remendar mi falda favorita porque tiene un _____.

5. Pedro necesita arreglar su traje y lo lleva a la _____.

6. Necesito coser el botón con el _____ negro.

5.9

¿Verdadero o Falso? Indicate whether these statements are True (*Verdadero*) or False (*Falso*).

_____ 1. El colorete es un producto para el maquillaje.

_____ 2. Si tienes la piel seca, debes usar una crema hidratante.

_____ 3. La acetona es un producto para pintar las uñas.

_____ 4. Las pinzas se usan para pintar los labios.

_____ 5. El hombre se tiñe el pelo para parecer más viejo.

5.10

En español. Answer the following questions in Spanish.

1. Tres productos que venden en la charcutería.

   _____

2. Tres productos que venden en la panadería.

   _____

3. ¿Qué compras en la pescadería?

   _____

4. ¿Dónde compras los vegetales?

   _____

5. Y las frutas, ¿dónde las compras?

   _____

6. ¿Dónde compras los comestibles?

   _____

6.1

La vivienda. Choose the appropriate word to complete each of the following sentences.

la pared   el sótano   el edificio   el techo   la ventana
la cerradura

1. Vivo en _____ nuevo de la Calle Molina.

2. Ana guarda muebles viejos en _____ de su casa.

3. Me gusta el cuadro que tienes en _____ de la sala.

4. ¿Por qué no abres _____ de tu dormitorio? Hace mucho calor.

5. Instalan la antena del televisor en _____ de la casa.

6. Esta es la llave de _____ de la puerta de la entrada principal.

6.2

La vivienda. ¿Verdadero o Falso? Indicate whether these statements are True (*Verdadero*) or False (*Falso*).

_____ 1. El inquilino paga el arrendamiento.

_____ 2. Generalmente, pagamos una hipoteca cuando alquilamos un apartamento.

_____ 3. Si compras una propiedad con un préstamo, pagas intereses.

_____ 4. Cuando hace frío, necesitamos la calefacción.

_____ 5. El agente de bienes raíces ayuda a comprar y vender casas y apartamentos.

6.3

En la casa. Circle the letter corresponding to the object, piece of furniture, appliance, or fixture that might be in each of these rooms.

1. la cocina   a. la nevera   b. la ducha   c. la mesita de noche

2. el baño   a. el sartén   b. el inodoro   c. el colchón

3. el dormitorio   a. la cama   b. la bañera   c. el congelador

4. el comedor   a. el ropero   b. el aparador   c. el lavamanos

5. la sala   a. la lavadora   b. el horno   c. el sofá

6.4

Los quehaceres domésticos. Translate the following sentences into Spanish.

1. I take out the garbage every day.

   _____

2. Ana turns on the light on the terrace.

   _____

3. We have a dishwasher and a refrigerator.

   _____

4. The dish towel is dirty.

   _____

5. I have to tidy up my bedroom.

_____

6. We wash the windows in the living room.

_____

7. Do you cook on weekends?

_____

8. I need a dustpan and a broom.

_____

9. Pedro makes his bed every day.

_____

10. I set the table in the kitchen.

_____

6.5

En casa. Circle the letter corresponding to the English equivalent of each of the following items.

1. la lejía	a. detergent	b. brush	c. bleach
2. la olla	a. pot	b. oven	c. spoon
3. los cubiertos	a. fork	b. tablecloth	c. cutlery
4. las cerillas	a. pans	b. matches	c. napkins
5. la escoba	a. dustpan	b. brush	c. broom
6. la bandeja	a. dish	b. tray	c. teapot

6.6

Preguntas personales. Answer the following questions in Spanish.

1. ¿Vives en una casa o en un apartamento?

_____

2. ¿Cómo pagas el alquiler o la hipoteca?

_____

3. ¿Cuál es tu habitación favorita y por qué?

_____

4. ¿En qué habitación hay un espejo en tu casa?

_____

5. ¿Cuándo usas un delantal?

_____

6. ¿Dónde prefieres descansar?

_____

6.7

¿En qué lugar de la casa? Write the name of the room or place at home where the following activities usually take place.

1. Me cepillo los dientes en _____.

2. Preparo la cena en _____.

3. Me acuesto y duermo en _____.

4. Me cambio de ropas en _____.

5. Tomo la merienda en _____.

6. Pongo la mesa en _____.

7. Hago la cama en _____.

8. Lavo la vajilla en _____.

9. Veo la tele en _____.

10. Me miro al espejo, me peino y me afeito en _____.

7.1

Las ocupaciones ¿Verdadero o Falso? Indicate whether these statements are True (*Verdadero*) or False (*Falso*).

_____ 1. Los albañiles construyen la casa.

_____ 2. Generalmente, los bibliotecarios trabajan en la librería.

_____ 3. La reportera aparece en el programa de noticias.

_____ 4. El dependiente trabaja en el consultorio de un dentista.

_____ 5. *Fontanero* en España es *plomero* en Hispanoamérica.

_____ 6. La gerente administra el negocio.

_____ 7. El corresponsal escribe para un periódico o una revista.

_____ 8. El óptico es el asistente del dentista.

7.2

Más ocupaciones. Write the letter corresponding to the phrase that completes each sentence.

_____ 1. La cajera...

_____ 2. Un taller...

_____ 3. El juez...

_____ 4. Un oficio...

_____ 5. La enfermera...

_____ 6. El aprendiz...

a. está en la ventanilla del banco.

b. indica la ocupación de una persona.

c. trabaja en la clínica.

d. es un miembro de un tribunal de justicia.

e. es el lugar donde trabajan los obreros.

f. se entrena en un negocio.

7.3

En la oficina. Write the letter corresponding to the answer to each of the following questions.

_____ 1. ¿Qué es una birome?

_____ 2. ¿Dónde está la carpeta?

_____ 3. ¿Por qué no imprime la impresora?

_____ 4. ¿Por qué no escribes a máquina?

a. En la papelera.

b. Prefiero el procesador de palabras.

c. En el archivador.

d. Necesita un cartucho de tinta.

_____ 5. ¿Y los papeles viejos?

_____ 6. ¿Puedo guardar los documentos?

e. En Argentina es un bolígrafo.

f. Sí, en el archivador.

7.4

En el banco. Fill in the blank with the appropriate word from the following choices.

sobregirada   un préstamo   canjear   el saldo   sacar
la caja fuerte   sucursal   acumular

1. En la cuenta de ahorros mi dinero puede _____ intereses todos los meses.

2. ¿Tienes dinero en tu cuenta de banco? Tienes que revisar

   _____.

3. Si viajas a España debes _____ dólares y comprar euros.

4. Esta _____ del banco está abierta los sábados.

5. Voy a comprar un auto y no tengo suficiente dinero. Necesito

   _____.

6. Voy a guardar mis joyas en el banco, en _____.

7. Vamos a la ventanilla para _____ $250 de mi cuenta de ahorros.

8. ¡Ay, Dios mío! No hay suficiente dinero en la cuenta, está

   _____.

7.5

Las condiciones de trabajo. Circle the letter corresponding to the English equivalent of each Spanish word.

1. el ascenso   a. strike   b. lay off   c. promotion

2. el sueldo   a. advance   b. salary   c. credit

3. la renuncia   a. resignation   b. pension   c. sick leave

4. el despido	a. layoff	b. union	c. mortgage
5. el anticipo	a. shift	b. advance	c. minimum wage
6. la huelga	a. payroll	b. strike	c. unemployment
7. la plaza vacante	a. vacancy	b. vacation	c. wages
8. la jubilación	a. promotion	b. retirement	c. advance

7.6

En español. Answer the following questions in Spanish.

1. ¿Dónde trabajas?

   _____

2. ¿Cuál es tu ocupación?

   _____

3. ¿Qué beneficios tiene tu trabajo?

   _____

4. ¿Cómo es tu jefe (jefa)?

   _____

5. ¿Por qué necesitas un aumento de sueldo?

   _____

6. ¿Por qué necesitas un ascenso?

   _____

7.7

Busco empleo. Using the letters A through H, arrange these sentences in logical order to create a conversation.

_____ 1. Gerente de Finanzas.

_____ 2. ¿Qué plaza le interesa?

_____ 3. Muchas gracias. ¿Hay más requisitos?

_____ 4. Primero, Ud. debe rellenar una solicitud de empleo.

_____ 5. Buenos días. ¿Hay plazas vacantes en esta empresa?

_____ 6. Lo siento, Ud. debe ir a buscar la planilla a la oficina de personal.

_____ 7. ¿Puede darme una planilla?

_____ 8. Después debe solicitar una entrevista.

7.8

El comercio. Choose the word or expression from this list that best completes each of the sentences.

la subasta   la bancarrota   el presupuesto   la ganancia
el costo de la vida

1. No compramos los equipos para la oficina porque no hay dinero en

   _____ .

2. Voy a comprar artículos en _____ de la empresa.

3. Si aumentamos el precio de la mercancía vamos a aumentar también

   _____ .

4. Cuando sube _____ necesitamos un aumento de sueldo.

5. Esta es una pérdida total, es _____ .

8.1

El tiempo libre. Choose the word or expression from this list that best completes each of the sentences.

chistes   bromas   pasarlo bien   cuando te convenga   salir a pasear

1. Nos reímos con Manuel porque dice _____ muy cómicos.

2. Me gusta divertirme, _____ con mis amigos.

3. Puedes venir a mi casa _____ .

4. Pablo es muy travieso (_mischievous_) y le gusta hacer

   _____ .

5. Esta tarde voy a _____ en mi auto por el centro de la ciudad.

8.2

Las artes. Usa la lógica. Write the letter that corresponds to the activities of each artist.

_____	1. El pintor	a.	dirige una orquesta.
_____	2. La escultora	b.	diseña un edificio.
_____	3. El dramaturgo	c.	escribe una tragedia.
_____	4. La novelista	d.	toca una sinfonía.
_____	5. La poeta	e.	usa un pincel.
_____	6. El músico	f.	publica una novela.
_____	7. La directora	g.	compone un poema.
_____	8. El arquitecto	h.	hace una estatua.

8.3

En el cine. Write the letter corresponding to the question that preceded each of the answers on the left.

_____	1. Porque la actriz hace un buen papel.	a.	¿Por qué no quieres ver esta película?
_____	2. Porque es una película extranjera.	b.	¿Por qué lloras?
_____	3. ¿Por qué no? La película es un fracaso.	c.	¿Por qué aplaude el público?
_____	4. Porque es muy complicado.	d.	¿Por qué silbas?
_____	5. La película es muy cómica, ¿no?	e.	¿Por qué hay subtítulos en la pantalla?
_____	6. Porque la taquilla está cerrada.	f.	¿Por qué no entiendes el argumento?
_____	7. El final de la película es muy trágico.	g.	¿Por qué no compras los billetes?
_____	8. ¡La actuación es muy mala!	h.	¿Por qué ríes tanto?

8.4

En el museo. Using the letters A through H, arrange these sentences in logical order to create a dialogue between a student and the employee at the museum ticket booth.

_____ 1. Buenas tardes. ¿Cuánto cuesta la entrada con el guía?

_____ 2. No es caro. Dos, por favor. Y la guía impresa del museo.

_____ 3. ¿Tienen alguna venta especial hoy en la tienda?

_____ 4. Está en el segundo piso, al lado de la tienda.

_____ 5. Aquí tiene la guía impresa. Es gratis.

_____ 6. Cuesta doce dólares.

_____ 7. ¿Dónde está la exposición de fotografías en blanco y negro?

_____ 8. Sí, hay artículos con el 25% de descuento.

8.5

El ocio y los pasatiempos. Translate the following sentences into Spanish.

1. When I go to the beach I swim in the ocean.

_____

2. Camping is a fun activity.

_____

3. Do you play checkers?

_____

4. He has a collection of old cars.

_____

5. I like to chat with my friends on the Internet.

_____

6. I read science-fiction novels.

_____

7. What fun! I have twenty e-mails!

_____

8. I jog in the park.

_____

9. My favorite team does not win all the time.

_____

10. Crossword puzzles are sometimes difficult.

_____

8.6

¿Verdadero o Falso? Indicate whether these statements are True (*Verdadero*) or False (*Falso*).

_____ 1. Puedes leer la predicción de tu futuro en la sección de gastronomía.

_____ 2. En el horóscopo leo la lista de los programas de televisión para hoy.

_____ 3. Las noticias de última hora aparecen en la portada del periódico.

_____ 4. El boletín del tiempo dice si hoy va a hacer buen tiempo o no.

_____ 5. Puedes cambiar el canal del televisor con el mando a distancia.

_____ 6. Si necesitas un auto, lees la sección inmobiliaria.

_____ 7. Generalmente, los programas de radio incluyen anuncios.

_____ 8. Muchas revistas publican crucigramas.

8.7

Los deportes. Circle the letter corresponding to the item or object related to each of the following activities.

1. el béisbol	a. el guante	b. el silbato	c. la raqueta
2. la natación	a. la cancha	b. la piscina	c. el campo
3. el ajedrez	a. la caña	b. el papel	c. el tablero
4. el atletismo	a. la pista	b. la alberca	c. la cancha
5. el fútbol	a. el patín	b. la portería	c. la bolera
6. el ciclismo	a. los bolos	b. la bici	c. el esquí

8.8

¿Qué haces en tu tiempo libre? Complete the following statements in Spanish.

1. En mi tiempo libre prefiero _____.

2. Los fines de semana me gusta _____.

3. En mi opinión, los deportes más interesantes son

    _____.

4. Si voy a pescar, necesito _____.

5. Mis programas favoritos en la tele _____.

6. Cuando leo, prefiero _____.

8.9

En español. Answer the following questions in Spanish.

1. ¿Cuál es tu restaurante favorito?

    _____

2. ¿Son grandes las porciones?

    _____

3. ¿Cómo es la comida de ese restaurante?

    _____

4. ¿Qué propina recibe tu camarero?

    _____

5. ¿Cuál es la especialidad de la casa?

    _____

6. ¿Qué le pides al camarero cuando terminas de comer?

    _____

7. ¿Qué puedes tomar en una tasca?

    _____

8.10

En el restaurante. With a check mark, indicate which of the following sentences you are likely to hear in a dialogue between a customer and a waiter.

_____ 1. ¿Qué postre recomienda Ud.?

_____ 2. Sí, necesito una bicicleta para hacer ejercicio.

_____ 3. No, no tenemos repelente para los mosquitos.

_____ 4. Prefiero una copa de vino blanco.

_____ 5. ¿Quiere un boleto de ida y vuelta?

_____ 6. ¡La cuenta, por favor!

_____ 7. ¿Qué tapas prefiere Ud.?

_____ 8. ¿Prefiere Ud. este bronceador con filtro solar?

9.1

En el auto. Write the letter corresponding to the part of the car you use to perform each of these actions.

_____ 1. Frenar   a. el acelerador

_____ 2. Dar marcha atrás   b. el pedal de freno

_____ 3. Doblar a la izquierda   c. el espejo retrovisor

_____ 4. Acelerar   d. la ignición

_____ 5. Arrancar el auto   e. la luz

9.2

Las regulaciones del tránsito. ¿Verdadero o Falso? Indicate whether each statement is True (*Verdadero*) or False (*Falso*).

_____ 1. Hace falta un permiso de conducir para montar en bicicleta.

_____ 2. Generalmente hay que pagar para conducir en una autopista de peaje.

_____ 3. La circulación va en una sola dirección en una calle de sentido único.

_____ 4. El conductor puede conducir por la acera.

_____ 5. El atasco del tránsito produce demoras.

_____ 6. En una autopista hay varios carriles.

_____ 7. El semáforo indica las reglas del tránsito.

_____ 8. Siempre debes conducir a alta velocidad.

9.3

El tráfico. Write the letter corresponding to the word that best completes each of the sentences that follow.

a. el peaje

b. el choque

c. el cruce de peatones

d. la señal de tráfico

e. la grúa

1. Si estacionas el auto en la parada del autobús lo va a recoger _____ .
2. Debemos cruzar la calle en _____ para evitar un accidente.
3. Antes de salir a la carretera debemos pagar _____ .
4. Debes observar _____ y así evitas problemas.
5. Esta carretera es peligrosa. ¡Mira _____ de dos autos aquí mismo!

9.4

De vacaciones a Chile. Use the letters A through H to indicate the chronological steps a traveler takes on her way to Chile.

_____ 1. Voy a la recogida de equipaje y recojo mis maletas.

_____ 2. Leo los folletos de la agencia de turismo.

_____ 3. Subo al avión y guardo mi equipaje de mano.

_____ 4. Alquilo un taxi y voy al hotel en la Avenida San Martín.

_____ 5. En el viaje de ida el avión hace escala en Quito.

_____ 6. Llego al aeropuerto de salida y presento mi pasaporte.

_____ 7. Hago una reservación y compro mi boleto de ida y vuelta.

_____ 8. Paso por la aduana y no tengo nada que declarar.

9.5

El viaje por avión. Circle the letter corresponding to the English equivalent of each Spanish word.

1. el aterrizaje   a. takeoff   b. landing   c. emergency
2. la escala   a. departure   b. arrival   c. stopover
3. la tripulación   a. agent   b. crew   c. passenger
4. el pasillo   a. registration   b. rate   c. aisle
5. el asistente   a. flight deck   b. flight   c. flight time
   de vuelo   attendant
6. la fila   a. seat   b. row   c. speed
7. la salida   a. emergency   b. seatbelt   c. exit
8. la cabina   a. cockpit   b. aircraft   c. blanket
9. los auriculares   a. lavatory   b. headset   c. emergency
10. la   a. speed   b. availability   c. complaint
    disponibilidad

9.6

Por tren o por barco. What do you need in the following situations? Write the letter corresponding to the most appropriate answer.

_____ 1. El tren está a punto de salir.   a. Una litera.

_____ 2. Quiero dormir durante la   b. Un billete para el tren de alta
       noche.   velocidad.

_____ 3. Quiero un viaje rápido.   c. Atracar el yate en el puerto.

_____ 4. Hay una emergencia en   d. Ir al andén.
       el buque.

_____ 5. Quiero visitar el puerto.   e. El salvavidas.

9.7

En el hotel. Write the letter corresponding to the appropriate answer to each question.

_____ 1. ¿Dónde está la recepción?   a. Sí, y también un montacargas.

_____ 2. ¿Necesita ayuda con el   b. Sí, pero no tiene vista al mar.
       equipaje?

_____ 3. ¿Por qué es tan caro este hotel?   c. Es un hotel de cinco estrellas.

_____ 4. ¿Hay ascensor?   d. En la entrada del hotel.

_____ 5. ¿Tiene una habitación disponible?   e. Sí, llame al botones, por favor.

9.8

Mis vacaciones. Translate the following sentences into Spanish.

1. I travel a lot.

_____

2. But I do not like to drive.

_____

3. I always book nonstop flights.

_____

4. This time I'm going to Europe on an ocean liner.

_____

5. I am seasick!

_____

6. Of course, the sea is choppy!

_____

10.1

La sociedad. What do you need in these situations? Write the letter corresponding to the appropriate answer.

_____ 1. Necesito una visa para Brasil.   a. El documento de identidad.

_____ 2. Tengo que pagar mis impuestos.   b. El certificado de nacimiento.

_____ 3. Debo tener prueba de mi edad.   c. El Ministerio de Hacienda.

_____ 4. Quiero este puesto de trabajo.   d. El permiso de trabajo.

_____ 5. Necesito identificarme.   e. La solicitud en el consulado.

10.2

¿Verdadero o Falso? Indicate whether each statement is True (*Verdadero*) or False (*Falso*).

_____ 1. El rey es el jefe de Estado de los Estados Unidos.

_____ 2. Los ciudadanos de los Estados Unidos pueden votar a los dieciocho años.

_____ 3. El presidente de los Estados Unidos elige su gabinete y el congreso lo confirma.

_____ 4. El Senado es la Cámara baja en los Estados Unidos.

_____ 5. En los Estados Unidos los votantes eligen al secretario/a la secretaria de Estado.

_____ 6. La ideología del partido comunista se considera de izquierda.

_____ 7. El rey es el jefe de Estado de España.

_____ 8. En los Estados Unidos elegimos un (una) presidente cada seis años.

10.3

Las elecciones. Choose the appropriate word from the following list to complete each sentence.

boleta   candidato   voto en blanco   cabina electoral   sufragio
escrutinio

1. Los ciudadanos apoyan al _____ del partido conservador.

2. Todos los ciudadanos tienen derecho al _____.

3. El total de los votos aparece en el _____.

4. Este voto no cuenta porque es un _____.

5. Los nombres de los candidatos están en la _____.

6. Los votantes depositan su voto en la _____.

10.4

El crimen no paga. Recreate the story, using the letters A through J to indicate the chronological order of events.

_____ 1. En la estación de policía, le toman las huellas digitales.

_____ 2. Finalmente, el criminal recibe la pena: tres años de prisión.

_____ 3. Un ladrón acecha a una víctima por el barrio.

_____ 4. El abogado visita al ladrón en la cárcel.

_____ 5. El ladrón entra por la ventana a una casa.

_____ 6. El juez dicta la sentencia.

_____ 7. El jurado declara culpable al ladrón.

_____ 8. Hay un juicio en un juzgado.

_____ 9. Un vecino oye ruidos, sospecha y llama a la policía.

_____ 10. La policía sorprende al ladrón en el lugar del delito.

10.5

El sistema de justicia. ¿Sí o No? Indicate whether the following statements are correct *(Sí)* or not *(No)*.

_____ 1. Las huellas digitales identifican a las personas.

_____ 2. La pena capital es sinónimo de la pena de muerte.

_____ 3. El testimonio puede descubrir un crimen.

_____ 4. En un juicio, una testigo hace las preguntas al acusado.

_____ 5. En los Estados Unidos existe la cadena perpetua.

10.6

En español. Circle the letter corresponding to the Spanish equivalent of each English word.

1. foreigner   a. indocumentado   b. extranjero   c. candidato
2. term   a. mandato   b. escrutinio   c. sufragio
3. tax   a. votar   b. impuesto   c. voto

4. acquit	a. absolver	b. juzgar	c. condenar
5. jail	a. corte	b. cárcel	c. gabinete
6. court	a. tribunal	b. comisaría	c. juzgado
7. town hall	a. ayuntamiento	b. residencia	c. jurado
8. guilty	a. inocente	b. culpable	c. ciudadano

10.7

Las noticias. Complete each sentence with the appropriate answer from the following word list.

paz   guerra   potencia   sanciones
acuerdo   militar   bomba   víctimas

1. Los Estados Unidos son una gran _____ mundial.

2. La reunión en la ONU impone _____ si un país no respeta las convenciones.

3. Un tratado de _____ puede ayudar a terminar este conflicto entre dos naciones.

4. Diez países firman un _____ para evitar la proliferación de armas nucleares.

5. Los crímenes de _____ son imperdonables.

6. Muchas personas inocentes son _____ de atentados terroristas.

7. Explota una _____ en el centro de la ciudad.

8. El servicio _____ es obligatorio en Israel pero no en los Estados Unidos.

10.8

En español. Translate the following sentences into Spanish.

1. The diplomatic corps works to preserve peace.

   _____

2. The summit meeting is in New York.

   _____

3. Three nations sign the peace treaty.

_____

4. The president pardons the conscientious objector.

_____

5. Defeat is not an option.

_____

6. The enemy continues the hostilities.

_____

7. We are going to win the war.

_____

8. They declare a state of emergency in the city.

_____

9. The aircraft carrier is in the gulf.

_____

10. The shooter is a spy.

_____

11.1

¿Verdadero o Falso? Indicate whether each statement is True (*Verdadero*) or False (*Falso*).

_____ 1. La astrología es la ciencia que estudia el espacio.

_____ 2. La Tierra gira alrededor de la Luna.

_____ 3. Nuestra galaxia es la Vía Láctea.

_____ 4. El sistema solar incluye trece planetas.

_____ 5. En la luna hay muchos cráteres.

_____ 6. Las estrellas son planetas también.

_____ 7. El astronauta viaja en la nave espacial.

_____ 8. Leemos rumores acerca de los platillos voladores.

11.2

La tierra. Translate the following sentences into Spanish.

1. The coastal area is in a desolate region.

   _____

2. Dr. Ray is a vulcanologist.

   _____

3. We study the species in the forest.

   _____

4. The topography of the region is mountainous.

   _____

5. It goes down the slope.

   _____

6. The river floods the valley every spring.

   _____

7. The water in the pond is polluted.

   _____

8. We swim upstream.

   _____

9. The waves are high.

   _____

10. Let's take a picture of the waterfall.

    _____

11.3

El parte meteorológico. Rate the following weather conditions for the activities that are planned. Use A for favorable weather conditions and B for unfavorable.

_____ 1. Parece que va a llover y hoy vamos a la playa.

_____ 2. Hace calor y el aire acondicionado no funciona.

_____ 3. Nieva hoy por la montaña y mañana vamos a esquiar.

_____ 4. Queremos salir en el yate y hay una tormenta en el mar.

_____ 5. Vamos a cenar en la terraza y no va a llover esta noche.

_____ 6. Hay muchas naranjas en la huerta y va a helar.

_____ 7. Necesito sacar al perro a pasear y llueve a cántaros.

_____ 8. Estoy de vacaciones en la Florida y anuncian un ciclón.

11.4

El medio ambiente. From the following word bank, choose the word you need to complete the sentence.

derrame   la reforestación   el aviso   el agua potable
la especie   la basura   el ecosistema

1. El cóndor es _____ en peligro de extinción que protege este proyecto.

2. _____ de petróleo contamina las aguas marinas.

3. En la playa colocamos _____ que prohíbe tirar la basura en la arena.

4. Debes reciclar estos periódicos y no ponerlos en

   _____.

5. _____ puede salvar la selva.

6. Las leyes ecológicas protegen a los animales incluidos en

   _____.

11.5

En mi jardín. Put these sentences in logical order from A through E.

_____ 1. Hay insectos en las plantas y uso insecticida.

_____ 2. Preparo y abono la tierra.

_____ 3. Corto los tomates.

_____ 4. Riego las semillas todos los días.

_____ 5. Planto las semillas.

11.6

¿Qué necesitas? Write the Spanish word for the tool or item you'll need for the following gardening activities.

1. Rastrillar la tierra... el _____.

2. Matar los insectos... el _____.

3. Regar las plantas... la _____, la _____
   o el _____.

4. Cortar el césped... la _____.

5. Podar las plantas... la _____.

11.7

En el jardín y el huerto. Write the letter corresponding to the English equivalent of the plant or flower in Spanish on the left.

_____ 1. el manzano	a. olive tree
_____ 2. el olmo	b. mahogany
_____ 3. la caoba	c. sunflower
_____ 4. el lirio	d. lily
_____ 5. el clavel	e. hydrangea
_____ 6. la hortensia	f. palm tree
_____ 7. el girasol	g. elm
_____ 8. la amapola	h. carnation
_____ 9. la palma	i. apple tree
_____ 10. el olivo	j. poppy

11.8

Animales del campo y salvajes. Circle the letter corresponding to the Spanish equivalent of each English word.

1. ox   a. el buey   b. la vaca   c. la ternera
2. goat   a. la liebre   b. la gallina   c. la cabra

3. goose	a. el pato	b. el ganso	c. el pollito
4. whale	a. el pez	b. el cochino	c. la ballena
5. bear	a. el jaguar	b. el oso	c. el avestruz
6. crab	a. el cangrejo	b. el erizo	c. el pulpo
7. seal	a. el molusco	b. la foca	c. el pez de color
8. pigeon	a. el cuervo	b. la paloma	c. la cigüeña

11.9

¿Insectos? Write the letter that corresponds to the insect or other creature described in each of the following statements.

_____ 1. Produce la miel.   a. la mariposa

_____ 2. Vive en el hormiguero.   b. la araña

_____ 3. Primero es una oruga.   c. la abeja

_____ 4. Es un problema para mi perro. d. la polilla

_____ 5. Destruye las ropas.   e. la hormiga

_____ 6. Hace una telaraña.   f. la pulga

12.1

Las medidas y cantidades. Circle the letter that corresponds to the Spanish equivalent of each English word.

1. foot	a. el pie	b. la pulgada	c. la altura
2. depth	a. la medida	b. la profundidad	c. la dimensión
3. scale	a. el largo	b. la balanza	c. la talla
4. weight	a. el peso	b. la libra	c. la tonelada
5. spoonful	a. la botella	b. la cucharadita	c. la cucharada

12.2

Más medidas y cantidades. Write the letter corresponding to the word that describes each of the following measurements.

_____ 1. ¿Esta mercancía? Una tonelada.   a. la talla

_____ 2. ¿Esta cinta? Treinta centímetros.   b. la cantidad

_____ 3. 25 pies de ancho por 10 de largo.   c. el peso

_____ 4. Una decena.   d. la medida

_____ 5. ¿Este vestido? Creo que la 4. e. las dimensiones

12.3

¿Qué necesitas? Write the letter corresponding to the question that preceded each of these answers.

_____ 1. No, uno más barato.   a. ¿Quieres una docena de huevos?

_____ 2. ¡No, doce son muchos!   b. ¿Vas a tomar una segunda copa de vino?

_____ 3. Es alto. Más de seis pies.   c. ¿Cuánto mide este joven?

_____ 4. Sí, una sola no es bastante.   d. ¿Necesitas más gasolina?

_____ 5. No, tengo suficiente para llegar.   e. ¿Qué impuesto pagas?

_____ 6. El treinta por ciento de mi sueldo.   f. ¿El auto que cuesta treinta mil euros?

12.4

¿Qué número? Write the letter corresponding to the figure that matches each number spelled out on the left.

_____ 1. treinta y cinco   a. 15

_____ 2. sesenta y siete   b. 16

_____ 3. dieciséis   c. 1,000,000,000

_____ 4. un millardo   d. 1,000,000

_____ 5. ciento veinticinco   e. 14

_____ 6. quinientos cuarenta   f. 70

_____ 7. quince   g. 67

_____ 8. setenta   h. 35

_____ 9. un millón   i. 125

_____ 10. catorce   j. 540

12.5

¿Verdadero o Falso? Indicate whether each statement is True (*Verdadero*) or False (*Falso*).

_____ 1. El cuatro de julio es un día festivo en los Estados Unidos.

_____ 2. El mes de junio tiene treinta y un días.

_____ 3. Treinta más veinte son cincuenta.

_____ 4. Hay más de treinta millones de hispanos en los Estados Unidos.

_____ 5. Hay diez rosas en una docena.

_____ 6. La bandera de los Estados Unidos tiene cuarenta y ocho estrellas.

_____ 7. La Tierra es uno de los nueve planetas del sistema solar.

_____ 8. Ochenta menos trece son setenta y siete.

_____ 9. Veinte multiplicado por ocho son ciento sesenta.

_____ 10. El cinco por ciento de doscientos es diez.

12.6

En español. Translate the following phrases or sentences into Spanish.

1. On the first floor.

   _____

2. Today is the fourth of July.

   _____

3. The tenth chapter is fun.

   _____

4. The fifth game is the best.

   _____

5. I like the horse in the fifth race.

   _____

6. This is not the 20th century.

_____

7. This is the second week of the month.

_____

8. November is the eleventh month of the year.

_____

12.7

La fecha y la hora. Complete the following sentences with the appropriate expression from this list.

qué   quiénes   de la mañana   dónde   cómo   de la tarde
un día feriado   enero

1. El primer mes del año es _____.

2. El 4 de julio es _____.

3. Las tiendas abren a las nueve _____.

4. Las oficinas cierran a las cinco _____.

5. ¿ _____ son estos señores?

6. ¿ _____ hora es?

7. ¿ _____ vives tú?

8. ¿ _____ te llamas?

Answer Key

1.1

1. b   2. d   3. e   4. c   5. f

6. a

1.2

Answers will vary.

1.3

1. V   2. F   3. F   4. V   5. V

6. F   7. F   8. V

1.4

1. c   2. e   3. d   4. a   5. b

1.5

1. F   2. E   3. G   4. B   5. C

6. D   7. A

1.6

1. Sí   2. No   3. Sí   4. Sí   5. No

1.7

1. b   2. b   3. d   4. b   5. a

6. a   7. c   8. b   9. a   10. b

1.8

1. más... que   2. tantas... como   3. menos... que   4. tanto... que
5. más de

2.1

1. c   2. b   3. e   4. a   5. d

6. g   7. f   8. h

2.2

Answers will vary.

2.3

1. paciente   2. callado/a   3. sociable   4. trabajador, trabajadora
5. valiente   6. perezoso/a   7. aburrido/a   8. sincero/a

2.4

1. abuelo   2. tía   3. nieto   4. familia política
5. suegro   6. primos   7. nuera   8. yerno
9. sobrina   10. hijo único, hija única

2.5

1. V   2. F   3. F   4. F   5. V

2.6

1. a   2. b   3. a   4. b   5. c

2.7

1. f   2. h   3. g   4. e   5. d
6. a   7. c   8. b

3.1

1. c   2. d   3. e   4. a   5. b
6. g   7. f

3.2

1. d   2. a   3. b   4. c   5. b
6. b   7. d   8. a

3.3

1. el tacto   2. el gusto   3. el olfato   4. el gusto   5. el oído
6. la vista   7. el gusto   8. el olfato   9. el tacto   10. el oído

3.4

1. Hago gárgaras.
2. Me lavo los dientes con el cepillo de dientes nuevo.
3. Me afeito con la afeitadora eléctrica.
4. Me ducho.

5. Mi jabón huele bien.
6. Necesito una toalla limpia.
7. ¡Ay, no! No tengo desodorante.
8. ¿Dónde están las tijeras?
9. Ahora voy a recortarme el bigote.
10. Y me voy a limar las uñas.

3.5

1. D   2. C   3. G   4. A   5. F
6. B   7. E

3.6

1. un jarabe   2. un analgésico; una aspirina   3. unas gotas
4. una venda   5. una pomada   6. una receta médica

3.7

1. F   2. V   3. F   4. V   5. V
6. F   7. V   8. V

3.8

1. óptico/a; oculista   2. miope   3. lentillas, lentes de contacto
4. la dentadura postiza   5. un absceso, un flemón   6. las caries

3.9

1. c   2. b   3. a   4. b   5. b

3.10

1. g   2. d   3. e   4. c   5. f
6. b   7. h   8. a

4.1

1. b   2. c   3. e   4. i   5. f
6. j   7. a   8. d   9. g   10. h

4.2

1. V   2. V   3. F   4. V   5. V
6. V

4.3

1. a   2. c   3. c   4. b   5. a

4.4

1. una mochila   2. un sacapuntas   3. un rotulador
4. una hoja de papel 5. un borrador   6. un diccionario bilingüe
7. el software   8. una impresora   9. un programa anti-virus
10. el cederrón, el CD-ROM

4.5

1. E   2. C   3. B   4. A   5. D

4.6

Answers will vary.

4.7

1. F   2. C   3. G   4. D   5. B
6. A   7. E

4.8

1. b   2. a   3. e   4. d   5. c

5.1

1. g   2. e   3. c   4. h   5. d
6. a   7. f   8. b

5.2

1. E   2. B   3. F   4. A   5. C
6. G   7. D

5.3

1. La tienda tiene una venta especial.
2. Esta valla presenta artículos de piel muy atractivos.
3. Recibo un descuento con este cupón.
4. El volante anuncia una venta de calzado.
5. Esto es propaganda de buzón.
6. El escaparate presenta vestidos bonitos.
7. Recibes un par de zapatos gratis si compras dos pares.
8. El periódico anuncia la campaña.

5.4

Answers will vary.

5.5

1. b	2. d	3. e	4. f	5. c
6. a				

5.6

1. f	2. h	3. g	4. e	5. d
6. a	7. c	8. b		

5.7

1. g	2. f	3. e	4. d	5. c
6. b	7. h	8. a		

5.8

1. tintorería	2. tijeras	3. mancha	4. desgarrón	5. sastrería
6. hilo				

5.9

1. V	2. V	3. F	4. F	5. F

5.10

Answers will vary.

6.1

1. el edificio   2. el sótano   3. la pared   4. la ventana   5. el techo
6. la cerradura

6.2

1. V   2. F   3. V   4. V   5. V

6.3

1. a   2. b   3. a   4. b   5. c

6.4

1. Saco la basura todos los días.
2. Ana enciende la luz de la terraza.
3. Tenemos una lavadora de platos y un refrigerador.
4. El paño de cocina está sucio.
5. Tengo que arreglar mi cuarto.
6. Lavamos las ventanas de la sala.
7. ¿Cocinas los fines de semana?
8. Necesito un recogedor y una escoba.
9. Pedro hace la cama todos los días.
10. Pongo la mesa en la cocina.

6.5

1. c   2. a   3. c   4. b   5. c
6. b

6.6

Answers will vary.

6.7

1. el baño
2. la cocina
3. la habitación, el dormitorio
4. el baño, el dormitorio
5. el comedor, la cocina
6. el comedor, la cocina
7. la habitación, el dormitorio
8. la cocina
9. la sala, el dormitorio, la sala de estar, etc.
10. el baño

7.1

1. V	2. F	3. V	4. F	5. V
6. V	7. V	8. F		

7.2

1. a	2. e	3. d	4. b	5. c
6. f				

7.3

1. e	2. c	3. d	4. b	5. a
6. f				

7.4

1. acumular   2. el saldo   3. canjear   4. sucursal
5. un préstamo   6. la caja fuerte   7. sacar   8. sobregirada

7.5

1. c	2. b	3. a	4. a	5. b
6. b	7. a	8. b		

7.6

Answers will vary.

7.7

1. C	2. B	3. G	4. D	5. A
6. F	7. E	8. H		

7.8

1. el presupuesto   2. la subasta   3. la ganancia
4. el costo de la vida   5. la bancarrota

8.1

1. chistes   2. pasarlo bien   3. cuando te convenga   4. bromas
5. salir a pasear

8.2

1. e	2. h	3. c	4. f	5. g
6. d	7. a	8. b		

8.3

1. c	2. e	3. a	4. f	5. h
6. g	7. b	8. d		

8.4

1. A	2. C	3. G	4. F	5. D
6. B	7. E	8. H		

8.5

1. Cuando voy a la playa, nado en el mar.
2. Hacer camping es divertido.
3. ¿Juegas a las damas?
4. Él tiene una colección de autos viejos.
5. Me gusta chatear con mis amigos en la Internet.
6. Leo novelas de ciencia ficción.
7. ¡Qué divertido! ¡Tengo veinte mensajes electrónicos!
8. Hago jogging en el parque.
9. Mi equipo favorito no gana siempre.
10. Los crucigramas son difíciles a veces.

8.6

1. F	2. F	3. V	4. V	5. V
6. F	7. V	8. V		

8.7

1. a	2. b	3. c	4. a	5. b
6. b				

8.8

Answers will vary.

8.9

Answers will vary.

8.10

Check numbers 1, 4, 6, and 7.

9.1

1. b	2. c	3. e	4. a	5. d

9.2

1. F	2. V	3. V	4. F	5. V
6. V	7. F	8. F		

9.3

1. e	2. c	3. a	4. d	5. b

9.4

1. F	2. A	3. D	4. H	5. E
6. C	7. B	8. G		

9.5

1. b	2. c	3. b	4. c	5. b
6. b	7. c	8. a	9. b	10. b

9.6

1. d	2. a	3. b	4. e	5. c

9.7

1. d	2. e	3. c	4. a	5. b

9.8

1. Viajo mucho.
2. Pero no me gusta conducir (manejar).
3. Siempre reservo vuelos sin escala.
4. Esta vez voy a Europa en un trasatlántico.

5. ¡Estoy mareado/a!

6. ¡Claro, el mar está picado!

10.1

1. e	2. c	3. b	4. d	5. a

10.2

1. F	2. V	3. V	4. F	5. F
6. V	7. V	8. F		

10.3

1. candidato	2. sufragio	3. escrutinio	4. voto en blanco
5. boleta	6. cabina electoral		

10.4

1. E	2. J	3. A	4. F	5. B
6. I	7. H	8. G	9. C	10. D

10.5

1. Sí	2. Sí	3. Sí	4. No	5. Sí

10.6

1. b	2. a	3. b	4. a	5. b
6. c	7. a	8. b		

10.7

1. potencia	2. sanciones	3. paz	4. acuerdo	5. guerra
6. víctimas	7. bomba	8. militar		

10.8

1. El cuerpo diplomático trabaja para preservar la paz.

2. La reunión cumbre es en Nueva York.

3. Tres naciones firman el tratado de paz.

4. El presidente perdona al objetor de conciencia.

5. La derrota no es una opción.

6. El enemigo continúa las hostilidades.

7. Vamos a ganar la guerra.

8. Declaran el estado de emergencia en la ciudad.

9. El portaviones está en el golfo.

10. El tirador es un (una) espía.

11.1

| 1. F | 2. F | 3. V | 4. F | 5. V |
| 6. F | 7. V | 8. V | | |

11.2

1. El litoral está en un área desolada.

2. El Dr. Ray es vulcanólogo.

3. Estudiamos las especies de la selva.

4. El relieve de la región es montañoso.

5. Baja por la pendiente.

6. El río inunda el valle cada primavera.

7. El agua del estanque está contaminada.

8. Nadamos río arriba.

9. Las olas son altas.

10. Vamos a sacar una foto de la cascada.

11.3

| 1. B | 2. B | 3. A | 4. B | 5. A |
| 6. B | 7. B | 8. B | | |

11.4

| 1. la especie | 2. Derrame | 3. el aviso | 4. la basura |
| 5. La reforestación | 6. el ecosistema | | |

11.5

| 1. D | 2. A | 3. E | 4. C | 5. B |

11.6

1. rastrillo   2. insecticida   3. regadera, manguera, aspersor

4. cortacésped   5. podadera

11.7

1. i	2. g	3. b	4. d	5. h
6. e	7. c	8. j	9. f	10. a

11.8

1. a	2. c	3. b	4. c	5. b
6. a	7. b	8. b		

11.9

1. c	2. e	3. a	4. f	5. d
6. b				

12.1

1. a	2. b	3. b	4. a	5. c

12.2

1. c	2. d	3. e	4. b	5. a

12.3

1. f	2. a	3. c	4. b	5. d
6. e				

12.4

1. h	2. g	3. b	4. c	5. i
6. j	7. a	8. f	9. d	10. e

12.5

1. V	2. F	3. V	4. V	5. F
6. F	7. V	8. F	9. V	10. V

12.6

1. En el primer piso.
2. Hoy es el cuatro de julio.
3. El décimo capítulo es divertido.
4. El quinto juego es el mejor.

5. Me gusta el caballo de la quinta carrera.

6. Este no es el siglo veinte.

7. Esta es la segunda semana del mes.

8. Noviembre es el once mes del año.

12.7

1. enero   2. un día feriado   3. de la mañana   4. de la tarde
5. Quiénes   6. Qué   7. Dónde   8. Cómo